Susanne Röckel

CHINESISCHES ALPHABET

Susanne Röckel

CHINESISCHES ALPHABET

Ein Jahr in Shanghai

Luchterhand

INHALT

»Wir besitzen alle Dinge.«

Kaiser Qianlong an König Georg III.

Dieses Buch ist aus dem Gefühl heraus entstanden, einem Übermaß an Eindrücken nicht gewachsen zu sein. Ich war elf Monate in Shanghai, von September 1997 bis Juli 1998, arbeitete als Deutschlehrerin an einer Universität und hatte genug Freizeit, um mir die Stadt anzusehen und mich über einige Aspekte ihrer Geschichte zu unterrichten. Überwältigt von dem, was zu hören, zu sehen, zu riechen, zu schmecken war, suchte ich nach Büchern, begann zu schreiben. Immer wieder wurde mir schmerzhaft der Mangel an Wissen bewußt, immer wieder empfand ich glücklich die Unerschöpflichkeit dessen, was zu erfahren war. Vielleicht entkam ich dadurch dem Überdruß, der so manchem Shanghaikenner ins Gesicht geschrieben steht; der Hilflosigkeit, aus der er wächst, entkam ich nicht.

Es ist eine Hilflosigkeit, die mit der außenseiterischen und privilegierten Existenz notwendig zusammenhängt. Angesichts der chinesischen – namentlich unter Studenten – hochfliegenden, naiven Zukunftserwartungen wurde mir klar, daß sich die Scheidelinie zwischen China und dem Westen heute auf neue Weise etabliert. Da ich aus dem Westen kam, gehörte ich, wie immer ich mich dazu stellte, zu den Gewinnern. Diskussionen stießen an eine unübersteigbare Grenze: Ihr besitzt, was ihr uns vorenthalten wollt, lautete der Tenor, ihr habt genug Geld, um die ganze Misere von außen zu betrachten. Der Wunsch, endlich nicht mehr Verlierer zu sein, war so stark, daß meine Gesprächspartner selbst auf eine seltsam äußerliche Weise argumentierten: Verheerende Umweltschäden und schreiende soziale Ungerechtigkeit wurden verkleinert zu vorübergehenden Problemen, die sich aus dem Charakter des »Entwicklungslandes« China ergaben. Die Richtung der Entwicklung wurde nicht in Frage gestellt, gegen die globalen wirtschaftlichen Machtverhältnisse erhob sich kein Protest. Je kopfloser, je verzweifelter die Anstrengungen, der Armut zu entkommen, desto strahlender das Bild des Westens. Der Westen schien kraft seines Reichtums intakt, so wie der Osten, der sich westliches Geld und westliches Know-how zunutze macht, seine Intaktheit wiedergewann. Genährt von Wohlstand und Fortschritt, so glaubte man, werde das Chinesische an China nur immer schöner und reiner zum Vorschein kommen.

Ich hatte andere Voraussetzungen und kam zu anderen Ergebnissen. Was mich in dieser Stadt am meisten beeindruckte, war vielleicht das, womit ich mich am wenigsten abfinden konnte, das Beschädigte, das Zurückgebliebene, das Widersprüchliche; was mich beschäftigte, war der *Mischmasch*. Hilflos gegenüber der offensichtlichen Unauflöslichkeit des Riesenknotens Shanghai, gewann ich an Zuversicht, ein paar Fäden freilegen zu können, an der notwendigen Ruhe, um ein paar Einzelheiten gründlicher zu erfassen. Bei der Auswahl ließ ich mich ausschließlich von den Wendungen und Sprüngen meines Interesses leiten, das von den Zufällen meines Aufenthalts, den Gesetzen meiner Stellung, der Lückenhaftigkeit meiner Kenntnisse nach allen Seiten hin beschränkt wurde. Die alphabetische Form gewährleistete innerhalb dieser Be-

schränkungen größtmögliche Freiheit, so daß nun Beob-
achtetes und Erlebtes, Gelesenes und Gedachtes gleich-
rangig und streitsam nebeneinanderstehen, den Versuch
bezeugend, in einer fremden Welt einen eigenen Weg zu
finden.

München, September 1998

Als europäische Kriegsschiffe in der Mitte des 19. Jahrhunderts die Öffnung des riesigen Marktes und Arbeits-
kräftereservoirs China erzwangen, war es mit der stolzen
Selbstgenügsamkeit der Qing-Kaiser ausländischen Han-
deltreibenden gegenüber endgültig vorbei. Die Koloni-
sten, die sich des sumpfigen Fleckens am Huangpu be-
mächtigten, dachten und handelten, wie es dem Geist der
Zeit entsprach: Auch sie verachteten das Fremde – ohne
den Nutzen zu verachten, der aus Fremdem und Fremden
zu ziehen war. Bald blühte Shanghai, doch von der Ernte
bekamen Chinesen kaum etwas ab.

Nachdem es den Kommunisten gelungen war, die De-
facto-Kolonialherren mit ihren Verbündeten aus dem
Land zu werfen, folgte eine neue Periode der Abschlie-
ßung, die zwanzig Jahre dauerte. Die Weltstadt Shanghai
wurde zu einem Dorf gemacht. Mao, der Bauernsohn,
stellte sich vor, daß man aus eigener Kraft mit Schwierigkeiten fertig werden könne, deren Gründe weit in die
Jahrhunderte zurückreichten; das Scheitern dieser Politik
hatte das Volk mit unermeßlichen Opfern zu bezahlen.

Heute scheint die Zeit, da man Ausländern wie Hausie-
rern die Tür wies, tausend Jahre weit weg.

Schon der oberflächlichste Eindruck zeigt den Einfluß
des Westens auf die Stadt. Nicht nur dort, wo die Reprä-
sentationsgebäude der ersten Besatzer stehen (die zum Teil
wieder von ausländischen Banken und Versicherungen

genutzt werden), auf dem Gebiet der Internationalen Konzession, oder in jenen ehemals französischen Vierteln westlich der Yan'an Lu, wo Kaufleute, Schiffseigner, Opiummagnaten, umgeben von Gärten und Dienstbotenheeren, ihre Mußestunden verbrachten, sondern überall in der inneren Stadt ist der Wohnungsbau des 19. und frühen 20. Jahrhunderts mehr als anderswo in China von westlicher Architektur geprägt. Die völlig heruntergekommenen Häuser und Siedlungen, in denen europäische Fassadengliederung, Fensterformen, Ornamentik mit chinesischen Wohnbedürfnissen harmonierten, werden nach und nach abgerissen, um Hochhäusern Platz zu machen, deren Architektur einen wichtigeren Zweck zu erfüllen scheint als den des Wohnens: Im Zeitalter der globalen Sachzwänge muß vor allem das Gefühl hervorgerufen werden, daß die Stadt in der Lage ist, sich im Wirtschaftswettlauf auf einem der vorderen Plätze zu behaupten.

Deshalb sind Ausländer, besonders Ausländer aus dem Westen, und nicht nur Investoren und Fußballtrainer, willkommener denn je.

Überall wird der westliche Ausländer von Leuten angesprochen, die sich mit ihm unterhalten wollen, um Englisch zu trainieren. Im Radio wird täglich eine halbe Stunde Dickens im Original vorgelesen. Im Fernsehen gibt es Benimmkurse, die in westliche Sitten und Gebräuche einführen. Reiche Leute suchen Ausländer als Klavierlehrer für ihre Töchter. Arme Leute suchen, wenn sie etwas zu verkaufen haben, Ausländer als Kunden, denn Ausländer lassen sich leicht übers Ohr hauen. Ausländer genießen Sonderrechte. Mehrmals habe ich es erlebt, daß man mir in vollgestopften Bussen einen Sitzplatz anbot oder mir in einer Schlange den Vortritt ließ – nicht um meiner grauen Haare, sondern einzig um meiner langen Nase willen. Einmal saß ich irgendwo auf einer Bank, da trat mit strahlendem Lächeln ein Mann auf mich zu und ergriff meine Hand, um sie ausgiebig zu schütteln. »Hello! Hello! Goodbye!« Dann ging er weiter, nicht ohne mir aus der Ferne noch einmal herzlich zuzuwinken. Warum das alles? Offenbar vermutet man im Ausländer Qualitäten, die sonst nur Märchenfiguren besitzen.

Von seiten der Behörden hat man als Ausländer weniger Freundlichkeiten zu erwarten. Bürokratische Schikanen sind an der Tagesordnung. Der private Briefverkehr wird vielerorts überwacht. Bis vor kurzem waren private Kontakte zwischen ausländischen Dozenten und chinesischen Studenten noch kaum möglich. Es liegt im Interesse der Behörden, daß Ausländer dort wohnen, wo sie unter sich bleiben. Das kommt den Wünschen vieler Ausländer entgegen.

Westliche Ausländer sind, unabhängig vom wirklichen Grad ihrer Kennerschaft, als »foreign experts« meist für chinesisch-ausländische Gemeinschaftsunternehmen tätig. Sie empfinden die Stadt als Erschwernis ihres Lebens, die ihnen neben der Arbeit zugemutet wird und für die sie von ihren Firmen entschädigt werden müssen. Oft leben sie jahrelang in luxuriösen Hotelghettos, ohne mit den alltäglichen Schwierigkeiten ihrer Umgebung, der Not, dem Dreck, der Enge je in nähere Berührung zu kommen. In dieser Hinsicht spart man chinesischerseits nicht an Aufwand, um es den Ausländern recht zu machen, das heißt, die Wirklichkeit von ihnen fernzuhalten. Ein schönes Bild dafür ist die lange Haube aus undurchsichtigem blauem Plastik, die man am seitlichen Eingang des Jinjiang-Towers den dort abgestellten Fahrrädern der Angestellten überstülpt, um den Hotelgästen den Anblick von rostigem chinesischem Blech zu ersparen.

»Auch Singapur war früher ein Sumpf«, sagt ein durchreisender deutscher Professor, die neue Politik der Chinesen lobend, »und jetzt können Sie da von der Straße essen.«

Die Welt, von der er träumt, ist eine Welt, die es nicht mehr nötig hat, das Fremde zu verachten – das Fremde ist eingeebnet und verschluckt, auf daß nichts mehr davon uns erschrecke. Es wird eine kleine Welt sein! Was aber würde passieren, wenn es ihn einmal in eines der ganz anderen Viertel der Stadt verschlüge, wo vom Bann der boomenden City nichts mehr zu spüren ist, wo man ihn auf durchaus friedliche Weise begafft und seine außerirdische Erscheinung mit einem selbstvergessen gemurmelten »*Lao wai, lao wai*« (Ausländer) staunend zur Kenntnis nimmt? Könnte es geschehen, daß ihn eine Ahnung der unüberwindlichen Entfernung beschliche, die unseren Teil der Erde noch immer von dem großen China trennt? Stiege das ferne Bild einer Welt in ihm auf, die unseren gönnerhaften Erklärungen unweigerlich entgleitet? Dämmerte dem Ausländer das Bewußtsein der eigenen Fremdheit?

Ich wähle den Bambus als Wappen.

Bambus ist stark. Sein Holz ist biegsam, Stürme können ihm nichts anhaben. Bambus ist nützlich. Bambus
schmeckt, Bambus heilt. Bambus ist angenehm dem Auge
und dem Ohr.

Bambus steht für Beharrlichkeit, Bescheidenheit, Lang-
lebigkeit, freien und edlen Sinn. Doch das Symbol bliebe
blaß ohne das Spiel der Gestaltungen, denen der Bambus
sein langes und reiches Leben verdankt.

Bambus wird geschrieben wie eine Kalligraphie, gelesen wie ein Gedicht. Bambusmalen kann jeder. Die Besten
zeichnen sich aus durch höchste Subtilität der Pinselfüh-
rung, der Aufteilung der Fläche. Aus den Kontrasten von
Schwarz und Grau entsteht der Eindruck von Nähe und
Ferne, Schatten und Licht. Sparsame Striche rufen Stim-
mungen von schneelastendem Winter oder windrascheln-
dem Sommer hervor, Bilder von heilloser Verwirrung und
dumpfer Qual, die sich in klare Ruhe wandelt.

Von der Malerei stammen die Bambusmuster ab, mit
denen unzählige Gegenstände des täglichen Gebrauchs
verziert sind, Stein und Glas, Porzellan und Seide, Baum-
wolle und Plastik. Der Pinsel, mit dem man malte und
schrieb, hatte einen Bambusstiel. Das erste leichte und
leicht handhabbare Material, das Schrift trug, waren Tä-
felchen aus Bambus. Auch Papier wurde aus Bambus hergestellt, Musikinstrumente und Gegenstände des hoch-

entwickelten Kunsthandwerks waren und sind aus Bambus, ebenso Tische, Stühle, Schränke. Die besten Kunstschreiner früherer Zeiten fertigten Möbel aus kostbaren Hölzern, deren Oberflächen Bambus imitierten, wie Porzellanmacher Schalen formten, die Gefäße aus Bambus nachahmten, um ihr Können unter Beweis zu stellen. Aus Bambus macht man Besen und Bürsten, Körbe und Matten, Jalousien und Zäune und Küchengerät. Bambushäuser und Bambusbrücken werden kaum noch gebaut; Betonpavillons und Betonbrücken in den Shanghaier Parks imitieren das frühere Material. Die wichtigste Branche der Stadt kommt weiterhin nicht ohne Bambus aus: Die Baugerüste bestehen aus Bambusstangen unterschiedlicher Länge, die von Arbeitern mit Draht und Schnur zusammengefügt und hochgezogen werden. Und die Bank of China wirbt im Fernsehen mit einem stillen Bambushain.

In Wolfgang Bauers großem Buch über die Glücksvorstellungen der Chinesen lese ich von den »fast rührend hausbackenen chinesischen Paradiesen« (im Gegensatz zu den ausschweifenden und schwülstigen frühen utopischen Phantasien Indiens). Diese Hausbackenheit zeigt sich auch in der Verehrung, die Chinesen von jeher dem Bambus entgegenbrachten, jener von Gestalt einfachen, bezüglich Boden und Klima anspruchslosen, schnellwachsenden, immergrünen tropischen Grasart. Ich nehme den Stift zur Hand, der auf dunkelgrünem Grund ein Muster aus hellgrünen Bambuszweigen zeigt, und hoffe, daß der schlichte und tiefe Geist des anmutigen Grases auch auf mich übergeht.

Ich wähle den Bambus als Wappen.

»*Yi-er-san, yi-er-san*«, höre ich sie stundenlang vor dem Fenster. Ein langes Plastikrohr wird von einer riesigen hölzernen Kabelrolle abgezogen und in einem Graben verlegt. Stricke um die Brust gebunden wie Ochsen, mühen sie sich ab, kleine, grazile Männer mit dunkelfarbigen Gesichtern, ermuntern sich mit lautem »Eins-zwei-drei« im Chor zu immer neuer Anstrengung. Den Graben haben sie mit der Schaufel ausgehoben, es hat Tage gedauert, denn die Erde ist hart und steinig, und die Sonne brennt. Bagger gibt es nicht, nur einmal haben sie auf einem Handkarren einen vorsintflutlichen Preßluftbohrer dabeigehabt, um die Asphaltdecke der Zufahrt zu zertrümmern. Sie arbeiten von Sonnenaufgang bis spätabends, nach dem Dunkelwerden. Manchmal sehe ich sie auf dem Dach des Hotels gegenüber. Solange es im Umbau ist, gehört es ihnen. Vor dem grauen Himmel gleichen sie müden Wanderern, die von ihrem Gipfel aus die Welt betrachten, eine fremde Welt, der sie nichts hinzuzufügen, nichts wegzunehmen haben.

Den wandernden Arbeitern in der Stadt eignet eine seltsame Vagheit, Schattenhaftigkeit. Wie streunende Tiere bevölkern sie die Rohbauten, ihre geheimen Burgen und Festungen, zu denen Seßhafte keinen Zutritt haben. Manchmal sieht man sie auf der Ladefläche von Lastwagen sitzen, stumpf und erschöpft lehnen sie aneinander und lassen sich durchschütteln. Ein andermal sieht man sie irgendwo auf einem Haufen Bauschutt hocken und essen, schnell und gierig, mit krummem Rücken, als hätten sie Angst, daß man ihnen das bißchen Reis noch nimmt. An bestimmten Straßen stehen sie mit Pappschildern in Händen, auf denen steht, zu was sie taugen, Maurer-, Holz-, Zementarbeiten, in einem Beutel tragen sie ihr Werkzeug bei sich, Kellen und Sägen, alt und abgenutzt. Oft sind es junge Burschen, scheu, mit dickem, staubigem, grob geschnittenem Haar. Sie tragen Armeeturnschuhe und übergroße Jacketts, denen man ansieht, daß sie auch zum Schlafen nicht ausgezogen werden. Sie leben jahrelang in Behelfsunterkünften, grauen Waben mit dünnen Wänden, an den Rand des Baustellengeländes geklebt. Ab und zu erhascht man einen Blick in die winzigen, stickigen, mit Stockbetten und Hausrat vollgepfropften Räume, die an Ställe erinnern. Auf den Galerien hängt zerschlissene Kleidung, große Schilder fordern zur Umsicht auf den Gerüsten auf. Es wird im Schichtbetrieb gearbeitet, Ruhetage sind selten.

Einmal im Jahr, zum Frühlingsfest, fahren sie heim. Auf Züge wartend, die sie nach Anhui, Jiangxi, Hunan und in noch weiter entfernte Provinzen bringen, sieht man sie tagelang mit Kind und Kegel auf dem großen Platz vor dem Bahnhof. In Gruppen lagern sie zwischen Säcken und Kisten, Karten spielend, rauchend, schlafend, bei jedem Wetter. Plötzlich entsteht Bewegung unter ihnen, ein Zug ist aufgerufen worden, alles drängt zu den Eingängen. Doch so viele auch hinter den eisernen Absperrgittern verschwinden, so wenig scheint die Zahl der Lagernden und Wartenden je abzunehmen.

Wer weiß etwas von ihnen? Wer vertritt ihre Interessen? Wen gehen sie etwas an? Man scheint sich daran gewöhnt zu haben, die zu Hunderten entstehenden Hochhäuser als Hervorbringungen einer unerschöpflichen, quasi organischen Energie zu betrachten. Die Wanderarbeiter sind anderswo. Ihre Lebensgewohnheiten, die Modalitäten der Verträge, die sie binden, ihre Streitigkeiten, Unfälle, die Einzelheiten ihres Schicksals sind nirgends öffentlich verzeichnet und dringen nicht ins Bewußtsein. Mangelhafte medizinische Versorgung, Beschränkungen und Verbote, Schwierigkeiten bei der schulischen Eingliederung der Kinder – davon hört man gelegentlich, doch selten wird ein genaues Bild daraus. Scharenweise kommen sie, Millionen jedes Jahr, und die Stadt verleibt sich ihre Jugend ein, ihre Ausdauer, ihre Körperkraft, gibt ihnen Arbeit und wirft ihnen Pfennige dafür hin, und wenn sie genug von ihnen hat, spuckt sie sie aus wie bittere Kerne. Sie schaden dem Image, heißt es. Wie leicht fällt es, diese Ohnmächtigen und Hoffenden zu verleugnen, wie wenig scheint es zu gelingen, ihrer bedrohlichen Ströme Herr zu werden. Denn die Stadt selbst lebt ja von der Kraft jener Hoffnungen. Und die armen Bauern erkennen im täuschenden Glanz dieser falschen Perle, in ihrem Pomp und ihrer Häßlichkeit die eigenen rohen und naiven Träume wieder, die sie stets von neuem dazu treiben, das Land im Stich zu lassen, das karge Feld, die leere Kammer, das Dorf, das die Welt vergessen hat, und sich aufzumachen, um in der Stadt das Glück zu suchen.

Hohe Wände, mit Reklamebildern bemalt, umschließen das Gelände. Lastwagen stauen sich in der Einfahrt, beflaggte Maschinen bohren sich in den Boden, rostige Stangen ragen wie Stachelmähnen aus der befestigten Grube. Majestätisch schwenken Kräne ihre Gigantenarme, beflissen kriechen Außenaufzüge von Stockwerk zu Stockwerk, hektisch flappen zerrissene Planen über gähnenden Löchern. Wie wertvolles Pflanzgut von dichten Bambusmatten umhüllt, wie ein kostbarer Edelpilz von Scheinwerfern bestrahlt und von unermeßlichen Mengen Beton begossen, wächst das Hochhaus Meter um Meter aus der Erde. Hinter verhängten Gerüsten hämmert und rattert es Tag und Nacht, blaue Schweißblitze erleuchten die trübe Luft. Und die Mauern dehnen sich und breiten sich aus und bilden schiefe Verwachsungen und strähnige Verschlingungen, bizarre Warzen, düstere Stümpfe. Und nach zwei, drei Jahren ist das pflanzliche Stadium überwunden, und der rohe Bau mit seinen tausend Augen steht linkisch da wie ein nackter Wilder unter lauter angezogenen Zaungästen. Zu diesem Zeitpunkt übt er, schattenhaft, phantastisch wie die unbewohnbaren Monumente der Träume in ihrer großartigen Vermessenheit, die größte Faszination aus. Doch bald wird ihm das enge Kleid aus Glas und Marmor übergestreift, das ihn als zur Zivilisation gehörend ausweist. Von Investoren und Offiziellen gehätschelt, bildet er noch eine Zeitlang den Mittelpunkt der

Aufmerksamkeit, bis die Gewohnheit ihn seiner traum-haften Eigenschaften beraubt und das kritische Urteil nur noch Pomp und Häßlichkeit übrigläßt.

Von Tierfüßen, Tierbeinen, Tiernacken, hin und wieder auch knienden menschlichen Figuren getragen, von Vögeln, Schlangen, Fischen und abstrahierten Tiergesichtern umfangen, runden und wölben sich Vorratsgefäße, Dampftöpfe, Wein- und Wasserkessel. Aus Reliefs und Halbreliefs werden ganzkörperliche Figuren, die die Formen erweitern und aufbrechen, große Augen, starrende Brustwarzen, Ohren, Zungen, Hörner, Schwänze, Tatzen. Tierfiguren und Tierköpfe krönen Deckel, bilden Henkel, Knäufe, Griffe. Die Gefäße zeigen, was sie enthalten und wozu sie bestimmt sind. Das harte, kühle, einst dunkel glänzende Metall hat Wellen wie Wasser, spiralige Auswüchse wie Dampf, Dornen und Schlingen wie Pflanzen, Maserungen und Schuppen wie Tierpanzer und Tierhäute. Überall ist Verwandlung. Form ruft Formlosigkeit ins Gedächtnis, der Gegenstand sein Material, das fest war und verflüssigt wurde, um wieder fest zu werden, kalt war und erhitzt wurde, um wieder kalt zu werden. Aus dem wandlungsfähigen Metall wurden Gefäße hergestellt, die der Verwandlung tierischer und pflanzlicher Lebewesen in menschliche Nahrung dienten. Die verschlungenen Muster bewegen sich im Rhythmus der schwimmenden, kriechenden, springenden, fließenden Wesen, Tier-Götter, deren überwältigendem und rätselhaftem Dasein die Menschen ihr Leben verdanken und denen sie sich entgegensetzen. Auch Inschriften finden sich, Hinweise auf

Feste und rituelle Bankette, bei denen die Gefäße benutzt wurden. Historikern sind sie eine Hilfe bei der Datierung von Kriegen und Grenzverschiebungen. Die kleinen geritzten Zeichen scheinen Echos jener Muster und Figuren, skizzenhafte Versuche, in der Überfülle des Kosmos eine eigene, menschliche Ordnung festzuhalten.

Die Gewinnung der Nahrung ist prekär. Wer sagt, daß man morgen noch genug zu essen hat? Auf drei oder vier Beinen ruhend, scheinen die wuchtigen Kessel nur vorläufig an ihrem Platz zu verweilen und ihren Zweck zu erfüllen. Im Boden eines großen, pfannenartigen Topfes sind Bronzepüppchen jener Tiere versammelt, die hier gekocht und gebraten wurden, Fisch, Wild, Geflügel. Raubt man den Familien jener Tiere immer wieder Angehörige, um sie zu verzehren, so scheint man sie nun zu beschwören, sich davon in ihrem Dasein und Wachstum nicht beeinträchtigen zu lassen und Menschen weiterhin als lebensspendende Nahrung zu dienen. So wären die Tierbilder und Tiermasken Ausdruck eines Bewußtseins, dem ständig die Möglichkeit des Verlusts vor Augen steht, der überbordende Reichtum der Gestaltung entstammte der Erfahrung des Entblößtseins und des Mangels; dem Tod der gejagten, geschlachteten, geopferten Tiere entspränge die große Feier des Lebens, der man hier staunend beiwohnt.

Touristen mit Kopfhörern über den Ohren gehen zwischen den erleuchteten Vitrinen umher. Videorecorder zeigen Bilder und geben Erklärungen. Bronzeglocken klingen aus versteckten Lautsprechern. Die Bronzegefäße schimmern in allen Schattierungen von Grün. Wie jene

Menschen den Stoff, dem sie ihre eigene, unvergleichliche Form gaben, haben wir sie aus der dunklen Erde ausgegraben, die sie dreitausend Jahre in sich barg, um sie durch unseren Blick erneut zu verwandeln.

Alles wird besser. Von diesem goldenen Versprechen eines
unerforschlichen Gottes lebt die Stadt, leben wir alle.
Eines Tages wird es den ganzen Dreck und Krach und
Smog und das ganze fürchterliche Gewühl und Durcheinander nicht mehr geben, alle werden in stillen Villen mit
Klimaanlage und elektronischem Whirlpool leben und
auf Wolkenkratzer und Bambushaine mit herrlichen Steinen und Pavillons und Teiche mit ewig blühendem Lotus und melodisch quakenden schmackhaften Ochsen-
fröschen blicken und Fernseher mit Fernbedienung und
Autos mit schwarzen Scheiben und nichtrostende Wasserkessel haben und jeden Tag Schildkröten und Schlangen
und die Pfirsiche der Unsterblichkeit essen und tausend-
jährigen französischen Joint-venture-Rotwein trinken und
auf jadegrünem englischem Rasen mit Federbällen aus
Kranichfedern Federball spielen und Handtaschen und
Lederschuhe tragen, und nachts wird von Westen her ein
Heer von Feen kommen, das den ganzen Abfall in frucht-
baren Boden verwandelt, auf dem duftender, total insek-
tenresistenter Reis wächst. Auch Busse wird es dann nicht
mehr geben. Natürlich wird es immer Fahrzeuge geben,
die von fern irgendwie busähnlich aussehen, geheizte bzw.
gekühlte Säle auf Rädern, in denen man, auf weichen Sesseln vor kristallenen Scheiben sitzend, die schöne Welt an
sich vorüberziehen läßt, doch daß diese Fahrzeuge von den
heutigen Bussen abstammen, werden nur noch die Histo-

riker wissen. Geräuschlos und wohlgefedert bewegen sie sich vorwärts, geräuschlos halten sie an, wenn das gemütliche Häuschen erreicht ist, das dann Haltestelle genannt werden wird, und wie von Geisterhand öffnen sich die Türen. Niemand schiebt von hinten, drängelt von der Seite, stößt einem Ellbogen in den Magen, niemand tritt einem auf die Füße, und man selbst wird all das auch nicht tun, es besteht nämlich gar keine Notwendigkeit dazu! Fast ohne das Bein zu heben, steigt man mit einem einzigen leichten und tänzerischen Schritt ein, und wenn man drin ist, kann man seinen Körper mühelos in alle Himmelsrichtungen bewegen. Stabile, silbrig glänzende Haltestangen laden dazu ein, sich festzuhalten, obwohl man sich eigentlich überhaupt nicht festzuhalten braucht, und es gibt sogar manchmal Sitzplätze mit einem gänzlich unabgewetzten, unausgefransten, unekelhaften Polyesterbezug, und wenn man auf so einem Sitz sitzt, denkt man wegen der gänzlich ruck- und rumpellosen Fahrweise dieses Zukunftsgefährts oft, man sitze unbeweglich auf einem Kinosessel und ein Film rolle vor einem ab. Das Personal hat nur ein einziges Bestreben, nämlich den Fahrgast so wenig wie möglich zu belästigen und ihm die Fahrt so angenehm wie möglich zu machen. Keine Schaffnerin, die mit gellender Stimme die Stationen ausruft und saumseligen Passagieren rüde Befehle gibt! Kein Lautsprechergequäke! Keinerlei Ärger und Unbequemlichkeit, wenn die Schaffnerin die Mauer der zusammengepreßten Menschen mit Hilfe ihrer eisernen Arme aufbricht, um die Zugestiegenen, die ja kaum noch so viel Platz haben, daß sie die Hand in die Tasche stecken könnten, im Kasernenton aufzufordern, den Fahrpreis zu entrichten! Überhaupt keine Schaffnerin! Nur das leise Knacken und Klingeln einer stets funktionierenden Entwertungsmaschine, die eifrig und zuverlässig ihren Dienst versieht.

Und nun die Passagiere: Es wird keine von diesen ungekämmten und ungehobelten und gar nicht ins Stadtbild passenden Landleuten mit schmutzigen Hemdkrägen geben, die den ganzen Bus mit ihren Säcken und Bündeln und ihrer ganzen elenden Habe vollpfropfen, statt sich ein Taxi zu nehmen wie anständige Leute. Keine von diesen Ausflugsgesellschaften, deren Mitglieder sich laut schreiend um die Ehre des Bezahlendürfens streiten. Keine Arbeiter, die von der Schicht nach Hause fahren und die besten Sitzplätze besetzen, um mit wackelnden Köpfen auf ihnen zu schlafen. Es wird nicht einmal mehr solche Schnösel geben, in deren Jacken es plötzlich pfeift und die dann das Handy herausziehen und irgendwas hineinbrüllen, was keiner wissen will. Es wird nur noch diskret parfümierte weise Seniorinnen mit schön gelegten Locken und vielen Zähnen geben, die ganz leise sprechen oder einfach nur schweigend aus dem Fenster schauen, während ab und zu Erinnerungen an interessante Begebenheiten ihres Lebens in ihnen aufsteigen, und vielleicht zur Auflockerung der Atmosphäre hie und da ein paar fröhliche Schulkinder. Mehr nicht! Wer zweifelt noch daran, daß jede noch so kurze Fahrt in einem dieser Wundervehikel ein herrliches Erlebnis, ein wahrer und tiefer Genuß sein wird?

Wenden wir uns nun dem Fahrer zu. Er ist kein mürrischer Geselle mit schmutzigen weißen Handschuhen, kein abgebrühter, wortkarger Rauhbauz, der dauernd hupt und ohne jede Sensibilität die krachende Gangschaltung betätigt, kein abgehetzter Geringverdiener, der seinen Tee aus einer angestoßenen Emaildeckeltasse trinkt und an jeder Kreuzung aus dem Fenster spuckt, sondern ein gutaussehender, frischgewaschener, glattrasierter Mann in Uniform, der eine Aktentasche neben seinem Sitz stehen hat und sich lieber auf den Dienstplan verläßt als auf irgendwelche albernen Amulette, die von der Decke baumeln. Er hupt nie. Ein Druck mit dem kleinen Finger, und das schöne, große, saubere, lederbezogene Lenkrad dreht sich, wohin er will. Die Gänge werden auch nicht mittels rostiger Metallstangen eingelegt, sondern alles geht automatisch, so daß der Fahrer durch die kraftraubenden und rein technischen Aspekte seiner Arbeit nicht länger von der eigentlichen Aufgabe abgelenkt wird: den Passagier spüren zu lassen, daß er hier mit all seinen kleinen Sorgen und Kümmernissen ernst genommen wird und es nicht nur um einen profanen Personentransport von A nach B geht. Mit gänzlich unaufdringlicher Stimme sagt der Fahrer also ab und zu die Stationen an, sonst aber steht er mit seiner ganzen Freundlichkeit und Herzenswärme den Fahrgästen zur Verfügung, die ihn eventuell um Rat fragen könnten, obwohl an jeder Haltestelle eigentlich schon alles, was man über Stationen, Umsteigemöglichkeiten usw. wissen muß, auf die ordentlichste und übersichtlichste Weise angeschlagen ist. Schon aus Achtung vor der Schönheit und Nützlichkeit dessen, was wir dann Busse nennen werden, wird es nie jemandem einfallen, Haltestellen zum Wäscheaufhängen oder zum Lüften von Bettdecken zu mißbrauchen! Die zukünftigen Menschentransportfahrzeuge tragen somit zur allgemeinen Zivilisierung bei. Für das Straßenbild der Stadt sind sie eine unschätzbare Bereicherung. Ihre Farben, ihr Glanz, ihre von keinem Staubkörnchen befleckten Scheiben! Ihre völlig unverbeulte, rostlose Glätte! Man wird sich anstrengen müssen, an ihrem Chassis irgend etwas zu finden, was auch nur entfernt an Dellen oder Dreck erinnert. Ferner die Tatsache, daß niemals die Achsen durchhängen oder der Auspuff locker oder schadhaft ist oder die Türen irgendwelche Mucken haben, so daß Hände und Füße oder Pferdeschwänze eingeklemmt und Schmerz und Unbill erzeugt werden. Es erübrigt sich hinzuzufügen, daß solche Fahrzeuge niemals mitten auf der Straße stehenbleiben, weil der Motor den Geist aufgibt. Nie ist es nötig, daß ein Fahrer die Fahrgäste zum Schieben auffordert, und wenn es sich um einen O-Bus handelt, muß der Fahrer kaum je einmal aussteigen, um die heruntergefallenen Stromabnehmer mittels einer mitgeführten Stange wieder mit der Oberleitung in Verbindung zu bringen. Natürlich verpesten solche Busse auch nicht mehr die Luft mit fettigem schwarzem Qualm, dessen Anblick allein schon Krebs erzeugt, sondern im Gegenteil! Durch ein raffiniertes japanisches Computerverfahren werden die Abgase mit echtem Sauerstoff angereichert, so daß der reine Äther des Hochgebirges aus dem Auspuff strömt! Steht man morgens wartend an der Haltestelle, wird man kaum noch unterscheiden können, ob man hier ist oder in St. Moritz!

Sollte dann noch jemand auf die Idee kommen, irgendwelchen alten Schrottmühlen nachzutrauern, die in unse-

rem stets besser werdenden Leben überhaupt nichts verloren haben, so wird er mit mehrmonatigem täglichem
Busfahren ohne Bewährung bestraft.

Kennzeichen, allg.:

1. essen mit Stäbchen,
2. mögen keine Japaner,
3. knallen Türen.

可 口 可 乐   kěkǒu kělè   lecker, man kann
sich freuen;
so wohlschmeckend, daß man seine
Freude hat;
Wohlgeschmack und Spaß.

Endlich saß er im Flugzeug. Nach Deutschland! Der letzte Blick auf die grauen Flughafengebäude von Hongqiao, winzige Fahrzeuge und Männer in roten Arbeitsanzügen, verbrannter Boden, die lange Reihe der wartenden Flugzeuge, die mit großen Staubsaugerschläuchen Passagiere ansaugten – dann hoben sie ab, und nichts mehr war zu sehen, nur noch der wogende Dunst, der vom Meer aufstieg und die Stadt einhüllte, seine Vaterstadt.

Nach Deutschland!

Er hatte es also geschafft. Er würde also wirklich zu jenen Privilegierten gehören, die nicht nur ständig darüber redeten ... Er würde wirklich dort ankommen, würde Briefe schreiben mit lateinischen Buchstaben auf dem Umschlag wie die vergilbten Briefe seines Urgroßvaters, die sein Vater spätabends Gästen zeigte, und sie würden seine Briefe mit derselben Ehrfurcht in die Hand nehmen und sie immer wieder lesen ... Sie würden ihn beneiden, den traurigen Hund, weil er das weiße Schloß erreichte ... Deutschland ... Er saß also wirklich im Flugzeug ...

Nach Deutschland!

In Deutschland hatten alle Autos. In Deutschland waren die Fernseher so groß wie Kinoleinwände. Auf den Dächern standen Hubschrauber. In den Straßen patrouillierten riesige grün-weiße Polizeimotorräder. Die Klos waren eingerichtet wie Wohnzimmer. Die Männer waren groß und hatten breite Schultern, sie aßen Ritter-Sport-

Schokolade. Die Frauen hatten blonde Haare, ihre Augen waren grün und glänzten wie Edelsteine, sie hießen Tina und trugen keinen BH und waren so stark wie D. K. und Biff und Metalman. In Deutschland fiel nie der Strom aus. Es gab Bibliotheken und Labors und Computer, die jeder benutzen konnte. Im Winter gab es Heizung, sogar die Klassenräume waren geheizt, und im Sommer gab es Mücken, die nicht stachen. In den Parks liefen die Enten frei herum ... Er hatte so lange auf das Visum gewartet, daß er schon fast die Hoffnung aufgegeben hatte wie das Männchen, das den Berg mit dem weißen Schloß erklimmen muß, rechts und links rollen eiserne Kugeln herunter und drohen ihn zu zermalmen, im Boden tun sich Risse auf, aus denen Feuer lodert, Untiere lauern hinter jeder Wegbiegung, und dann schafft er es doch, das weiße Schloß liegt vor ihm, das weiße Schloß mit den Fahnen und den Zinnen, auf denen Frauen stehen und mit Taschentüchern winken ...

Nach Deutschland!

Er hatte Angst vor Deutschland. Auch das Männchen, das den Berg hochklettert, hat Angst. Wenn er die Wand mit dem Erdrutsch nicht schafft, ändert sich sein Gesichtsausdruck, die Mundwinkel ziehen sich nach unten, das Haar sieht struppig aus, die Ohren stehen vom Kopf ab, als hätte eine Teekanne zwei Henkel, er sieht aus wie ein Hund, ein trauriger kleiner Hund, das war es, was einem noch mehr Ansporn gab, sich zu konzentrieren und blitzschnell zu reagieren, man mußte schneller sein als die anderen, geduldiger, entschlossener, besser, denn nach der Wand mit dem Erdrutsch kommt die Riesenechse von

rechts, mit schillernden Schuppen mit Haifischgebiß ...
Er hatte Angst. Angst vor Käse und Butter und all den
fürchterlichen Dingen, die die Deutschen aßen, vor dem
häßlichen Klang der unnatürlich langen Wörter, dem
komplizierten Regelwerk der Endungen, den Rs und dem
Präteritum, Angst vor der Zimmersuche, den Polizisten
auf ihren Motorrädern, den Frauen. Doch stärker als die
Angst war die Sehnsucht, es mit der Fremde aufzuneh-
men, etwas von dem Wissen zu erwerben, das dieses Land
groß und stark, seine Autos und Werkzeugmaschinen
und Häfen und U-Bahnen berühmt gemacht hatte, ja, er
wollte studieren, lernen, lesen, Tag und Nacht, davor
hatte er keine Angst, er konnte arbeiten und fleißig sein,
wenn er wollte, auch wenn sein Vater es nicht glaubte, und
er würde nur das Allernötigste kaufen und nur Reis essen
und Wasser trinken, in Deutschland kostete das Wasser
nichts ... Manche sagten, man brauche tausend Mark im
Monat in Deutschland, aber er war entschlossen, mit fünfhundert auszukommen, er würde streng und asketisch
leben wie Monk, und seine Kräfte würden in der Stille
wachsen ... Im Notfall gab es die Enten in den Parks ...
Und wenn er zurückkam, würde er seinen Eltern ein Haus
kaufen, ein großes neues Haus auf Chongming, mit Garage mit Balkon ... Da würde sein Vater mit dem Fernglas
beobachten, wie sie den Jangtse ausbaggern für die größten Tanker der Welt, das würde ihn für alles entschädigen,
wenn er alt war ... und nie mehr, nie mehr würde sein
Vater zu ihm sagen können, er solle sich ein Beispiel nehmen an seinem Cousin Fangyu, der ihnen jedes Jahr aus
Kanada gedruckte Karten mit Christbäumen und Weih-

nachtsmännern schickte, sein Cousin Fangyu, der schon fast fünf Jahre in Kanada studierte und immer noch keinen Master hatte, aber das machte seinem Vater nichts aus, weil Fangyu im Dezember Karten mit fetten glatzköpfigen weißbärtigen Männern in Kutschen schickte und zum Frühlingsfest ein paar kanadische Dollars und T-Shirts mit Michael Jordan ... Kanada ist zu teuer für uns, hatte sein Vater gesagt ... Also flog er nach Deutschland ...

Nach Deutschland!

Die letzten Wochen des Wartens waren besonders schlimm gewesen. Nach der Semesterabschlußparty war er um ein Uhr nachts heimgekommen. Da hatte sein Vater mit Tränen des Zorns in den Augen zu ihm gesagt, er und seine sauberen Kameraden wüßten nicht mehr, was Arbeit ist und Fleiß und Treue und Wahrhaftigkeit. Und seine Mutter war gekommen in ihrem zerknitterten Nachthemd und den langen wollenen Hosen, die sie darunter trug, und hatte seinen Vater am Arm angefaßt, wie er es noch nie gesehen hatte, und ihn ins Bett zurückgeführt, er hatte gezittert ... Und dann hatte ihm jemand erzählt, die Deutschen würden sich mit zwanzigtausend nicht zufriedengeben, in vielen Städten verlangten sie jetzt vierzigtausend. Das wäre das Ende gewesen, von der schwankenden Hängebrücke direkt in den Wasserfall und zurück auf Position Null. Um diese unvorstellbare Summe aufzubringen, hätten seine Eltern noch ein weiteres Mal auf die größere Wohnung verzichten müssen, die ihnen seit langem zustand, noch weitere Monate und Jahre hätten sie auf Restaurantbesuche, neue Möbel, Schuhe, Kleider, Bü-

cher und andere dringend benötigte Anschaffungen verzichten müssen, und seine Mutter hatte rechts und links
fast keine Zähne mehr. Und dann wurde er ja auch älter
und näherte sich unaufhaltsam den Dreißig und hatte
immer noch keine Freundin … Wie soll man eine Freundin haben, wenn man kein eigenes Zimmer hat, nirgends
Platz, um allein zu sein, und kein Geld und keine Stelle,
weil er auf das Visum wartete, während die anderen sich
schon während des Semesters beworben hatten und ange-
ben konnten mit ihren Aussichten bei Joint-ventures …
Aber jetzt hatte er sie überholt, es war nur der Nebel gewesen, wo es ein paar Sekunden rückwärts ging, und dann
die Gletscherspalte, ein Sprung, geschafft … Denn das
kaum für möglich Gehaltene war doch noch eingetreten,
das Visum war ausgestellt worden, und jetzt saß er im
Flugzeug …

Nach Deutschland!

Sein Urgroßvater war mit dem Schiff gefahren … Das
Bild seines Urgroßvaters hing über dem Schreibtisch seines Vaters. Von Anfang an hatten alle die frappierende
Ähnlichkeit zwischen diesem Urgroßvater und ihm selbst
festgestellt – dieselbe edle, längliche Gesichtsform, die
schmale Nase, die weiße Haut. Sein Urgroßvater war Di-
plomat gewesen und hatte auf Chongming in einer Villa
gelebt, er war in Europa gewesen, Berlin, Paris, der Ver-
trag von Versailles … Sein Urgroßvater war in der Guomindang gewesen, aber das sagte sein Vater nicht, wenn er
vor Gästen prahlte, er prahlte mit der Villa, in der der Urgroßvater seines Sohnes gelebt hatte, den Banketten, die
es dort gegeben hatte, Käse und Butter und Champagner,

weil er wußte, daß er damit alle beeindrucken konnte, obwohl ihm selbst nur Nachteile daraus erwachsen waren,
obwohl dieser Urgroßvater seines Sohnes ihm das Leben
zerstört hatte, weil er Grundbesitzer und Guomindang-
mitglied gewesen war ... Sein Vater war Ingenieur. Seine
Eltern waren beide schon über fünfzig. Er schämte sich
manchmal für sie und schämte sich dann dafür, daß er sich
für sie schämte. Sein Vater färbte sich das Haar. Er hatte
immer noch das braune Gesicht, die harten Hände des
körperlich Arbeitenden, obwohl er heute nicht mehr körperlich arbeitete, sondern als Professor an der Universität.
Seine Eltern hatten die ersten zwanzig Jahre ihrer Ehe
nicht zusammenleben können. Seine Mutter hatte bei
Bauern in Anhui gearbeitet, sein Vater war nach Dalian
zur Fabrikarbeit abkommandiert worden. Über diese Zeit
sprachen seine Eltern nie. Nur einmal, im Zorn, als er sich
wieder einmal über ein Zeugnis aufregte, das sein Sohn
nach Hause brachte, hatte sein Vater von der grausamen
Kälte geredet, die dort oben im Norden herrschte, und
daß morgens die Leichen der Verhungerten die Straßen
gesäumt hätten und daß es sich damals keiner leisten
konnte, im warmen Zimmer auf der faulen Haut zu liegen
und darauf zu warten, daß einem die gebratenen Enten in
den Mund fliegen ... Nachdem er die Zugangsprüfung für
die Universität bestanden hatte – knapp bestanden, wie
immer –, hatte sein Vater sein Studienfach bestimmt,
Wirtschaft. Sein Vater hatte ihm das *Penguin Dictionary of
Economics* gekauft mit den Dollarscheinen und Goldbarren
auf dem Umschlag, heute muß man Wirtschaft studieren,
hatte er gesagt, heute ist Wirtschaft das A und O. Aber er

hatte nie etwas begriffen, und alles war ihm todlangweilig vorgekommen, was in den Lehrbüchern der Politökonomie stand, die sie benutzten, es gab Marxismus-Leninismus und Statistik, aber keine Computer. Du hast Glück, sagte sein Vater, wer die Zugangsprüfung schafft, schafft auch den Abgang. Ja, er hatte Glück ... Er flog nach Deutschland ...

Nach Deutschland!

Wenigstens hatte er nicht im Studentenheim wohnen müssen wie die anderen, die von außerhalb kamen, zu acht im Zimmer, in Stockbetten, mit einem dünnen Vorhang als einziger Begrenzung des persönlichen Bereichs, Hausaufgaben unter tropfender Wäsche oder im Freien, mit der Thermoskanne über den halben Campus, um heißes Wasser zu holen, weil Kocher auf dem Zimmer verboten sind, der Gestank der Klos und Freitag abends duschen ... Aber im Studentenheim hatten sie den großen Fernseher, die Mappen mit den Spiel-CDs ... Und nur wenn er samstags mit der Steuerung in Händen vor dem Bildschirm saß, verloren sein Vater und das *Penguin Dictionary of Economics* und die Kälte und die Zahnputzbecher und Klopapierrollen, die auf dem Apparat aufgereiht waren, und der schmutzige löchrige Bretterboden zeitweilig an Bedeutung, und es blieb nur noch die reine Welt des nackten Kampfes übrig, Kampf um Tina, Sieg im Rennen, im Dschungelkrieg im Wüstenkrieg im allerletzten aller Weltkriege zwischen Panzern mit Insektenaugen und Panzern mit Flammenwerfern rechts und links wie Blumensträuße für Tina ... Kampf um den Gipfel, das weiße Schloß, die Fahnen die Zinnen die Taschentücher ... Japa-

nische CDs, die besten, und sie hatten alle … Und dann
kam er heim, und sein Vater saß mit Gästen auf dem Sofa
in dem winzigen Wohnzimmer, das mit Bücherschränken, dem Schreibtisch, dem Sofa vollgestopft wirkte wie
eine Rumpelkammer, und ging mit ihnen die Alben
durch. Hafenanlagen, Wellenbrecher, Pumpstationen, der
Flyover an der Nanpu-Brücke, die zweite U-Bahn nach
Pudong – Baustellen, immer wieder Baustellen, und sein
Vater mit dem Helm auf dem Kopf und seinem Fotoge-
sicht im Vordergrund, sein Vater vor der Tafel im Hörsaal,
und die Gäste gähnten, und die Mutter wusch das Ge-
schirr in der Küche. Mit welch kindischem Stolz sein
Vater redete und erklärte und Pläne glättete und Kon-
struktionszeichnungen entrollte, mit welch lächerlicher
Ehrfurcht er die Einladungen zu Konferenzen über Hafen-
bau, sein Spezialgebiet, in Amerika, in Norwegen vor-
zeigte, die man ihm schickte und die er immer absagen
mußte, weil man ihm das Geld für das Flugticket nicht
mitschickte … Die Ausländer lachten über ihn, aber
davon merkte sein Vater nichts. Und er selbst, der Urenkel des Urgroßvaters, dieselbe edle Gesichtsform, dieselbe
Blässe, er verstand nicht einmal, wie ein Auto funktio-
nierte und interessierte sich auch nicht für Autos oder für
Schiffe oder für Computer wie sein Cousin Fangyu, er
wußte nicht, wofür er sich überhaupt interessierte, außer
für Tina und D. K. und das Männchen, das ewig den Berg
hochrennt, um das Schloß zu erreichen, das weiße Schloß
mit den Teppichen den Goldbarren dem Champagner der
Garage für die Kutschen, das war Deutschland, diese ko-
mischen Ritter ohne Gesicht, groß und breitschultrig, die

plötzlich höhnisch ihre Zähne zeigten und das Männchen im letzten Moment in Stücke hauten mit ihren Armbrusten ihren Steinschleudern, wenn man nicht aufpaßte, das Seil ergriff, das die Prinzessin einem von oben zuwarf, und hochgeschleudert wurde in die Luft ...

Nach Deutschland!

Er saß auf dem alten Hocker über seinen Büchern und versuchte vergeblich, sich zu konzentrieren, in dem winzigen fensterlosen Raum mit den gelben, jahrzehntelang nicht mehr gestrichenen Wänden, in dem sie abends zusammen aßen, im Erdgeschoß neben dem Fahrradabstellplatz, wo es durch die Türritzen zog, eisiger Wind, an dem Tisch mit Glasplatte, unter der ein Bild von Einstein steckte und ein Foto von seinen Eltern und ihm selbst als Acht- oder Zehnjährigem in einem Garten in Hangzhou und ein Foto von der verwitterten Fassade eines halb eingestürzten Hauses auf Chongming und ein Reklameprospekt von einer norwegischen Schiffahrtsgesellschaft mit Ausländern in Badeanzügen auf Liegestühlen, weil sein Vater einmal norwegischen Ingenieuren den Hafen gezeigt hatte, aber bei der Gegeneinladung hatten sie das Flugticket nicht mitgeschickt ... Jetzt war er es, der flog, das Männchen, das den Berg bezwang, der Urenkel des Urgroßvaters ...

Nach Deutschland!

Ein neues Leben begann, eine neue Zeit. Auf dem Bildschirm lag China vor ihm, ein Schmetterling, und Shanghai war nur noch ein winziger Punkt am Flügelrand. Die Stewardeß hatte rote Lippen und ein Haarnetz, lächelnd fragte sie, was er zu trinken wünsche. Kaffee, sagte er,

Kaffee, und sie beugte sich über ihn, und er roch das Parfüm, das an ihr klebte, und den Kaffee, er dachte an Tina, Tina mit ihren japanischen Muskeln und deutschen Brüsten, dem flatternden Taschentuch, und wußte plötzlich, daß Tina so riechen mußte, genau so ...

Wir waren aufgebrochen, um die Bahnhofsgegend zu er-
kunden. Eben noch waren wir am Seiteneingang des
Bahnhofs, wo sich uralte staubige Überlandbusse mit
Menschen füllten, Säcke und Kisten auf den Dächern verstaut und festgezurrt wurden. Jiaotong Lu, Datong Lu –
wir waren kaum einen Kilometer vom Bahnhof weg. Das
langgezogene Pfeifen einer Lokomotive ertönte. Wir haben
die Orientierung verloren.

Um uns ist alles in Bewegung. Unsere Blicke finden
keinen Halt mehr. Tausend armselige Dinge bieten sich
dar, fordern Aufmerksamkeit. Überall wird gehämmert
und gesägt, gehandelt und gestritten, gewaschen, ge-
schleppt, gekocht. Straßenhändler halten vor den Fronten
von Billigkaufhäusern noch billigere Waren feil, zwischen
Schachteln voller Schrauben und Werkzeug und allen
möglichen auf dem Bürgersteig verstreuten Utensilien
werden Fahrräder repariert, Möbel gezimmert, Metallgit-
ter zusammengeschweißt. Junge Frauen in zerschlissenen Pantoffeln hacken Gemüse. Alte Frauen sitzen unter
trocknenden Unterhosen auf kleinen Stühlchen in der
Sonne und stricken. Wir stoßen auf eingezäunte freie
Plätze, wo Menschen in schmutzigen, abgewetzten gefüt-
terten Baumwolljacken in den letzten Schuttresten nach
irgend etwas Brauchbarem stochern, während schon die
ersten Bagger ihre Zähne in die feuchte graue Erde stoßen. Hier entstehen Hochhäuser. An vielen Häuserwänden

steht mit weißer Farbe das Zeichen: Abriß. In ein paar Jahren wird das Viertel so, wie es jetzt ist, verschwunden sein.

Ohne es zu wollen, geraten wir immer tiefer in das Gewirr der alten, übervölkerten Gassen und Höfe hinein, die abgenutzt und heruntergewohnt sind bis zur Baufälligkeit. Und doch wollen die Menschen nicht weichen und leben mit einer Art von verzweifeltem Trotz ihr Leben wie eh und je. Die Miete für eine Wohnung in einem der neuen Hochhäuser kann sich keiner leisten. Ein mulmiges Gefühl steigt in uns auf. Wir haben hier nichts verloren. Wir sind Eindringlinge. Es ist, als würde es in unserer Nähe stiller, man starrt uns an und hört auf zu reden, wenn wir vorbeikommen, und auch wir hören auf, uns zu unterhalten. Jeder ist mit sich selbst beschäftigt.

Wie viele Menschen hausen in diesen dunklen, zugigen Höhlen? Womit verdienen sie ihren Lebensunterhalt? Wie halten sie sich warm? Was machen sie, wenn sie krank werden? Wie viele teilen sich einen Wasserhahn, eine Kochstelle, ein Bett? Mir ist kalt. Ich will weg hier. Das ganze Viertel kommt mir vor wie eine faule Frucht, die, von breiten Abrißschneisen aufgebrochen, ihr stinkendes Inneres herzeigt. Weg mit diesen geflickten Dächern, diesen feuchten Wänden, diesem Gerümpel, diesen Lumpen, diesem Dreck!

Automatisch streben wir den Hochhäusern zu, deren Silhouetten sich schwarz gegen den kalten roten Abendhimmel abzeichnen. Dort ist Ordnung und Sauberkeit, dort sind wir daheim. Aber das Viertel läßt uns gerade jetzt nicht los. Aus einem Fabriktor quellen Menschen.

Und immer mehr Menschen stehen da, mit den Händen in den Taschen und hochgeschlagenen Krägen, rauchend, Mandarinen schälend, Kerne spuckend, und starren uns an. Wir stellen fest, daß wir im Kreis gegangen sind. Ein Taxi! Aber hier scheint es nur Fahrräder und Busse zu geben, kein Auto ist in Sicht. Wir gehen weiter, fragen nach dem Bahnhof. Dort – links – die Unterführung … Ich merke, daß sich jemand an mich herandrängt und der Reißverschluß meiner Handtasche aufgezogen wird. Hat uns nicht eben erst eine Verkäuferin in einer der armseligen Essensbuden freundlich vor Dieben gewarnt? Und doch kann ich nicht glauben, daß gerade ich es bin, die hier bestohlen werden soll. Der Schreck lähmt mich. Als ich mich, meinen ganzen Mut zusammennehmend, umdrehe, sehe ich ein Kind von höchstens zehn Jahren, schmächtig, schmutzig, das sich blitzschnell abwendet und wegläuft.

Erst im Taxi finde ich meine Ruhe wieder. Es ist geheizt. Mein Geld, mein Ausweis, alles ist noch da. Wir fangen wieder an zu reden, es sprudelt nur so aus uns heraus. Ich schaue zurück. Wie riesige Räumfahrzeuge haben sich die Hochhäuser in das Dickicht des alten Viertels hineingefressen. Nach getaner Arbeit stehen sie verlassen in der Dämmerung, tote Maschinen, vereinzelt von Funken hellen Lebens gesprenkelt. Ich denke an den Dieb, die Frostbeulen in seinem Gesicht, sein stumpfes, staubiges, lange nicht geschnittenes Haar. Plötzlich ergreift mich ein vages und drückendes Schuldgefühl, und es ist mir, als wäre ich es, die hier die Flucht ergreift.

Die alte Kunst des Drachenmachens stirbt aus. Nur noch in Touristenläden oder in Büchern sind die farbenfrohen Schwalben und Schmetterlinge, Libellen, Krebse, Fische, Drachen und Phönixe zu bewundern, die, aus Seide oder hauchdünnem Papier auf Bambusrahmen aufgezogen und oft mit im Wind klingenden Saiten ausgestattet, in der warmen Luft tanzen. Die Drachen, die man heute in Shanghai zu kaufen bekommt, sind meist phantasielose Drei- oder Vierecke aus einem wie Regenschirme gemusterten Plastikgewebe. An einem schönen Sonntag im Volkspark, mitten in der Stadt, wimmelt es von Drachenverkäufern. Wenn es aber vom legendären Erfinder des Drachens, Meister Gongshu aus dem vierten vorchristlichen Jahrhundert, heißt, seine Drachen schwebten drei Tage am Himmel, ohne herunterzufallen, so ist Vergleichbares heute schon deshalb undenkbar, weil es nahezu unmöglich ist, einen Drachen in der Luft zu steuern und sich auf dem Boden gleichzeitig durch eine dichte Menschenmenge hindurchzukämpfen.

Lu Xun hat eine Geschichte über einen Drachen geschrieben, sie findet sich in seinem *Unkraut* betitelten Zyklus von Gedichten in Prosa. Der Erzähler berichtet darin von seinem kindlichen Haß auf Drachen, die er als dummes Spielzeug für Nichtsnutze betrachtete. Sein jüngerer Bruder hingegen, ein schwächliches, ängstliches Kind, liebt nichts mehr als ebendieses Spielzeug und macht sich

heimlich daran, selbst einen Drachen zu basteln. Der Ältere spürt die Werkstatt des Bruders auf, und in einem
Anfall rasender Wut nimmt er den Bambusrahmen, der
ein Schmetterling hätte werden sollen, mit großen Augen
aus rotem Papier, wirft ihn auf den Boden und trampelt
auf ihm herum. Die dem Bruder angetane Gewalt kommt
ihm erst über zwanzig Jahre später plötzlich zu Bewußtsein, beim Lesen eines ausländischen Buches über die Bedeutung von Spielzeug für die Entwicklung der kindlichen Seele. Voll brennender Ungeduld wartet er auf das
nächste Zusammentreffen mit dem Bruder, um Verzei-
hung von ihm zu erlangen. Der Tag kommt, doch es stellt
sich heraus, daß der Jüngere den Vorfall inzwischen vollständig vergessen hat. »Ist das wirklich passiert?« fragt
er, ungläubig lächelnd und ohne jeden Vorwurf. Doch
ohne Anklage kein Freispruch. Die Schuld des älteren
Bruders, des anmaßenden Zerstörers, bleibt bestehen. Der
Drache, Symbol des Frühlings und des schutzlosen Lebens, wird nie wieder heil. Am Ende stehen bittere Zeilen
winterlicher Hoffnungslosigkeit.

Als ich die wimmelnde Menge begeisterter Leute sah,
die an einem schönen Sonntag im Volkspark in den von
Drachen gepunkteten, von Staub und Smog verdreckten
Himmel schauten, mußte ich an diese Geschichte denken.

Warum haben die Fahrräder kein Licht?

Es kursieren etliche Theorien, die dieses merkwürdige Phänomen zu erklären versuchen. Fahrradlampen würden durch das ungünstige Klima hier zu schnell kaputtgehen, wird behauptet. Auch heißt es, wenn es Fahrradlampen gäbe, wären sie binnen kurzem von Dieben abmontiert. Einer weiteren Theorie zufolge existiert sogar ein Gesetz, das Lampen an Fahrrädern verbietet, um zu verhindern, daß Verkehrsteilnehmer geblendet werden. Ich möchte diesen Erklärungen meine eigene hinzufügen.

Aus europäischen Städten ist die Dunkelheit vertrieben, die Nacht wird immer mehr zum Tag gemacht. Der Grad der Beleuchtung ist ein Maßstab der Städtischkeit geworden. Was kommt heraus, wenn man diesen Maßstab hier anlegt?

Abseits der großen Durchgangsschneisen flackern nirgends Neonröhren auf, wenn die Sonne sinkt; auch die größeren Nebenstraßen der Innenstadt sind nur spärlich durch Lampen markiert; in den Wohnvierteln sind Verbindungsgänge, Höfe, Treppenhäuser nicht beleuchtet. Die Dämmerung ist kurz. Die schwere Luft scheint sich plötzlich zu materialisieren, Fledermäuse taumeln durch den grauen Stoff. Das Sirren der Zikaden in den sommerlichen Platanendächern verstärkt sich (wenn man nah herankommt, meint man, den gellenden Ton von Kreissägen zu hören). Die gespreizten Hände der Fingerpalmen strekken sich sehnsuchtsvoll der Nacht entgegen. Und sie kommt, ungehindert von Lampen und Lichtern, heißt die Zikaden schweigen, den Abendwind sich legen, den Menschenrhythmus sich verlangsamen, steigt von unten herauf wie eine stille sanfte schwarze Flut.

In schweren Tropfen fällt die Feuchtigkeit von den riesigen Blättern der Bananenstauden, und in den Pfützen, Residuen der letzten Regengüsse, brummen und quaken die Frösche. Der Abfall stinkt, die Ratten regen sich. Nach dem Abendessen kommen die Kinder zu ihrem Recht; endlich sind sie mit den Hausaufgaben fertig. Händler stapeln Gemüsekisten. In den Schneiderwerkstätten werden die fertigen Kleider gebügelt. In den Zigarettenläden ratschen die Alten, in den Videospielbuden sitzt gebannt die Jugend. Fernseher laufen. Männer hocken auf den Fersen und spielen mit Babys. Frauen waschen sich die Haare, sitzen auf Bambusstühlchen strickend mit Nachbarn zusammen. Allmählich geht die große Veränderung vor sich – die Stadt scheint nicht mehr aus festen Volumen zu bestehen, sie löst sich auf in Geräusche, in Gerüche, Wärmewellen, Dunkelheit.

Verwaiste Busse stehen in langen Reihen am Straßenrand. Hauseingänge, Geschäfte senden kein Zeichen einladenden Lebens mehr aus. Melonenverkäufer schlafen zwischen Melonenbergen. An manchen Ecken sieht man von rotem Kochfeuer erleuchtete Imbißstände, an denen Arbeiter nach der Spätschicht Suppe löffeln. Vereinzelte Gruppen junger Männer spielen bei Funzellicht auf dem Bürgersteig endlose träumerische Kartenspiele.

Die Nacht ist das große Aufatmen. Die Nacht befreit

die Stadt von der Last, die auf ihrem Nacken liegt, die Last der Kämpfe, die Last der Zwecke, die Last des ewigen emsigen Sich-Mühens. Und die Stadt sinkt in sich zusammen und lauscht dankbar der Stille, die sich nur in der Dunkelheit entfalten kann.

Gelbliche Scheinwerfer der letzten Autos streichen über schlafende Fassaden. Fahrräder ohne Licht huschen vorüber, Schatten, eine Schattenwelt bevölkernd, Sendboten und Wächter der Stille.

Warum haben die Fahrräder kein Licht? Es ist ein Tribut, den die Stadt der Nacht zollt, ihrer Wohltäterin.

Über den Türen steht Plaza oder Mansion, Center oder
Tower. Vor den Türen rauschen Brunnen. Hinter den
Türen warten Pagen. Klimaanlagen arbeiten geräuschlos.
Sessel laden zum Verweilen ein. Aufzüge schweben hinauf
und hinab. Geschickt verteilte Lampen spenden freund-
liches Licht. Tiefe Teppiche tun den Sohlen wohl. Schmei-
chelnde Klänge tropfen von der Decke. Weiche Stimmen
wünschen angenehmen Aufenthalt. Lächelnde Münder
geben bereitwillig Auskunft. Gepflegte Hände weisen
Wege, bringen Drinks. Goldene Uhren zeigen Weltzeit.
Koreanische Limousinen präsentieren sich auf spiegelnden
Podesten. Junge Mädchen wienern Marmor, gießen Palmen. Uniformierte Wächter sitzen vor Schalttafeln, beobachten Bildschirme. Ladentheken sind mit Büchern und
Zeitungen, Spirituosen und Kosmetika, in- und ausländischen Spezialitäten gut bestückt. Wer Mangel leidet,
könnte hier Fülle erfahren. Wer erschöpft ist, könnte sich
erholen. Wem die Hitze zusetzt, könnte sich abkühlen.
Wem der Smog in den Augen brennt, fände Erquickung.
Wer friert, könnte sich wärmen. Wer den Lärm nicht mehr
erträgt, fände Ruhe. Wen das Menschengewühl bedrückt,
atmete freier. Es scheint nur Glas, was diese leeren Räume
von der Straße trennt.

»Das arbeitende Volk, das auf den 9,6 Millionen Quadratkilometern der Volksrepublik China lebt, hat wahrhaft begonnen, dieses Land zu regieren!« rief Mao Zedong. Das war 1958.

1997 führen Schüler der Fremdsprachen-Mittelschule einen Sketch auf. Der Sketch heißt: »Wir gründen eine Fabrik.«

Aus der großen Masse der begeistert schreienden, fingerschnipsenden Bewerber wird zunächst ein Manager ausgewählt, indem man den Kopfumfang von allen mißt. Der Schüler mit dem dicksten Kopf bekommt den Posten. Sodann wird dem Manager eine Assistentin beigesellt. Aus der großen Masse der kichernden, fingerschnipsenden Bewerberinnen wird diejenige auserkoren, die einen unverständlich gebrabbelten Satz des Managers als Aufforderung, Kaffee zu bringen, zu interpretieren weiß. Es folgt der Buchhalter. Gewinner ist, wer die Zahlenreihe von fünfzig rückwärts am schnellsten fehlerlos herunterrattert. Dann der Telefonchef. Bestimmt wird, wer für den abwesenden Manager (der sich natürlich mit der Assistentin vergnügt) die lustigste Ausrede erfindet. Zuletzt der Auslandsrepräsentant, der vor allem als Doorman fungiert. Die Bewerber müssen ihre Weltläufigkeit unter Beweis stellen, indem sie in möglichst vielen Sprachen Begrüßungsfloskeln aufsagen. (Hier haben Provinzler als Angehörige entlegenerer Sprachfamilien natürlich die besten Chancen.) Nachdem auch dieser Posten besetzt ist, ist die Sache getan und die Spieler nehmen den verdienten Beifall entgegen.

Rote Banner knattern im Wind. Ihre weißen Schriftzeichen verkünden an öffentlichen Gebäuden, über Plätzen, Straßen, Brücken die Weisungen des Parteitags. Die Fronten von Warenhäusern sind über und über mit bunten Bannern bedeckt. Die Beschriftung fordert zum Kaufen auf. Fabriktore, Auffahrten, Eingänge von Banken, Möbelgeschäften, Sportstätten, Universitäten, Parks werden zu bestimmten Anlässen mit Fahnen geschmückt, frisches Grün, Blau, Gelb, Rosa, Lila zwischen dem Braun und Grau schmutziger Fassaden. In Wohngebieten sieht man zwischen Bäumen und Laternenpfählen rote und weiße Spruchbänder, Mahnungen, die Straßen sauberzuhalten, Ankündigungen von Versammlungen, Willkommensgrüße für Gäste. Supermärkte machen mit langen Reihen bunter Wimpel auf Preisreduktionen oder besondere Angebote aufmerksam. An Festtagen sind ganze Straßenzüge mit solchen Wimpeln verziert. Auf Baustellen bezeichnen rote Fähnchen, paarweise in die Erde gesteckt, Gefahrenpunkte. Auch die großen Maschinen, die sich tief in den sumpfigen Boden bohren, und die mit Kies und Sand beladenen Kähne auf dem Huangpu sind rot beflaggt. An Straßenkreuzungen helfen Leute mit Trillerpfeifen und gelben Ordnerfähnchen, die Ströme der Fahrzeuge und Fußgänger zu regulieren. Im Klassenzimmer ist die Flagge der Volksrepublik über der Tafel aufgespannt. Am Nationalfeiertag flattert sie als Standarte an Bussen, Last-

wagen, Taxis, auf Schreibtischen, Fernsehern, Marktstän-
den und hoch über den Dächern der Stadt. Dem Nationalfeiertag folgt der Waschtag auf den Fuß. An langen Bambusstangen hängen die Fahnen in allen Formen und
Farben vor den Fenstern. Die Wäsche des Volkes schwingt
im Wind.

Bei Familientreffen, Preisverleihungen, Empfangspartys, Abschiedsbanketten und Anlässen aller Art bricht regelmäßig wilde Fotografierwut aus, als traue keiner mehr der eigenen Erinnerung. Bei den immer beliebter werdenden Kurztrips der Neureichen zu den alten und neu-alten Stätten der Kultur bleibt nichts ungeknipst; die uralte Kiefer, der Tempel wie der Buddha hören auf, wirkliche, wirkende Gegenstände zu sein, und werden in Souvenirs verwandelt, die nur noch zum Füllen der Fotoalben taugen.

Das erinnert mich an eine Geschichte von Sun Wukong, dem rebellischen Affen, der sein will wie Gott. Das siebte Kapitel der *Reise in den Westen* handelt von seinem Kampf mit Buddha selbst und von seiner Bestrafung: Er wird in einem steinernen Kasten unter dem Gebirge der fünf Elemente eingeschlossen, von Berggöttern und himmlischen Generalen bewacht, und muß fünfhundert Jahre auf die Befreiung warten. Zuvor aber bietet ihm Buddha eine Wette an. Wenn es dem Affen gelingt, mit einem einzigen Purzelbaum seiner offenen rechten Hand zu entkommen, wird Buddha persönlich den Jadekaiser auffordern, zu ihm in den Westen zu ziehen und Sun Wukong den Palast des Himmels zu überlassen.

»Dieser Buddha ist ein kompletter Idiot«, sagt Sun Wukong, sich ins Fäustchen lachend. Denn er besitzt die Fähigkeit, mit einem einzigen Purzelbaum sechsunddreißigtausend Meilen weit zu springen.

Und Buddha streckt seine rechte Hand aus, die nicht größer scheint als ein Lotusblatt.

Sun Wukong springt auf und stürmt wie ein Wirbelwind vorwärts, bis er fünf rosafarbene Säulen erblickt, von den Nebeln des Himmels dunkel umflort. Er glaubt sich am Ziel, die Aufgabe gelöst. Nun verwandelt er eins seiner Haare in einen in Tusche getauchten Pinsel und schreibt, statt des Namens seinen anmaßenden Titel benutzend, DER GROSSE HIMMELSGLEICHE WEISE WAR HIER groß und breit auf die mittlere Säule. Um ganz sicherzugehen, hinterläßt er am Fuß der Säule noch eine stinkende Pfütze. Dann kehrt er triumphierend dorthin zurück, wo ihn der Buddha erwartet.

»Jetzt hab' ich dich, du Pißgeist eines Affen!« hört er ihn donnern. »Du hast meine Handfläche nie verlassen!« Und Sun Wukong mit seinen Feueraugen, seinen goldenen Pupillen, sieht staunend hinab und erkennt seine Inschrift und seine Pfütze winzig klein in einer Falte am Mittelfinger von Buddhas Hand.

Heute würde sich Sun Wukong an der rosafarbenen Säule fotografieren lassen. Ein Foto ist unaufwendiger als eine Inschrift, es riecht kaum, und man kann es mit nach Hause nehmen. Das Foto liefert den schlagenden Beweis: Ein Ort ist zu *meinem* Ort geworden, eine Zeit zu *meiner* Zeit. Das Foto ist ein Instrument der Eroberung.

Doch Sun Wukongs Geschichte lehrt auch, daß die Sache einen Haken hat. Die Dinge, die schon unterworfen schienen, zeigen sich plötzlich in ihrer ganzen furchterregenden Unfaßbarkeit. Das Merkzeichen der Eroberung ist von beschämender Lächerlichkeit. Die rosafarbene Säule ist keine rosafarbene Säule, der Aufenthalt an jenem Ort Illusion, die äffische Kunst nur Affentheater.

Dieser Friseursalon ist etwas Besonderes. Allein die Einrichtung! Halbdurchsichtige weiße Gittervorhänge mit Bambus-und-Panda-Muster, pistazieneisgrün lackierte Wandschränke mit karoförmigen schwarzen Plastikbeschlägen, Marmorkonsolen mit bröckelnden Fugen, große, an den Ecken blind werdende Spiegel, in offenen Fächern ein Sammelsurium von Dingen wie Spraydosen, Teegläser, Parfümflaschen, uralte, merkwürdig geformte Föns, Porzellanköpfe mit angeklebten Wimpern, die Hippieperücken tragen; unter Glas stecken Fotos von lächelnden Kindern und Betriebsausflügen, auf der Konsole steht ein Minigrill, an eisernen Haken hängen die weder neuen noch sauberen Umhänge für die Kunden und die Krawatten der Angestellten. An der Decke drehen sich gemessen die großen staubbedeckten Ventilatoren. Gewaschen und geföhnt wird in einem Extraraum, einem dämmrigen, leicht verlotterten Boudoir, das man durch ein in die Tapetenwand eingelassenes Mondtor betritt. Die Öffnung ist mit abgeschabtem, schwarzweiß gemustertem Papier beklebt. Die Uhr darüber gibt auf vergilbtem Zifferblatt eine ungefähre Zeit an.

Auf der ramponierten Bahnhofswartesaalbank mit Lederpolster, die den Salon in zwei Hälften teilt – links die Damen, rechts die Herren –, sitzen die Angestellten und warten auf Kundschaft. Sie sind sich bewußt, daß der Ruf des Etablissements von ihnen abhängt, und tragen ihre gepflegte dunkelblau-weiße Uniform mit Stolz und Grazie. Natürlich legen sie auch den größten Wert auf ihre Frisur. Die Frauen haben farbige Strähnen oder kunstvolle Hochfrisuren und Make-up. Am Sonntagvormittag zeigen sie sich mit Lockenwicklern auf dem Kopf, und ihre langen Nägel sind schön lackiert. Die mir zugeteilte Friseurin überprüft, während sie lässig meine Haare schneidet, immer wieder fachmännisch ihr Aussehen im Spiegel. Dann ist Mittagessenszeit, man holt vom Restaurant nebenan in Styroporschachteln verschiedene Gerichte, macht es sich bequem, plaudert mit Bekannten, die sich eingefunden haben, tauscht Leckerbissen aus. Ein Angestellter mit langen, nach vorn spitz zulaufenden Koteletten, ein Einzelgänger offenbar, steht mit melancholischem Blick an der offenen Tür und raucht. Jemand massiert einer Kundin liebevoll den Nacken. Jemand fegt in Zeitlupentempo den Boden und schiebt die mit verfilzten Bürsten, Scheren, Haarteilen und sonstigem Handwerkszeug beladenen antiken Wägelchen hin und her. Andere haben den Kopf auf die Lehne der Bank gebettet und machen ein Nickerchen. Weit, weit weg ist die Straße, das echte Leben mit all seinen unverschämten Anforderungen. Hier genießt man einen vorläufigen Aufschub. Während man sich selbst verwandelt, beobachtet man die anderen, die wie Schauspieler in der Garderobe systematisch und professionell, doch gleichzeitig ganz unbekümmert ihre Vorbereitungen treffen. Vertrauliches Scherzen und unermüdliches Schwatzen überspielt die Angst, es nicht zu schaffen, das Lampenfieber. Bald wird es mit alldem zu Ende sein, denke ich, denken vielleicht alle, während die

Schere betont sorglos vor sich hin klappert und mir der weder neue noch saubere Plastikumhang die Kehle zuschnürt. Das hier ist der alte Schlendrian. Der Geist der Zeit aber verlangt Straffheit, Hygiene, fleckenlos weißes Furnier und klingelnde Computerkassen! Haben Sie noch nicht gehört, daß diese Trockenhauben nur noch in der Mongolei benutzt werden? Wissen Sie eigentlich, was eine Kosten-Nutzen-Rechnung ist? Und auch an Sonntagvormittagen darf nicht einfach so herumgestanden werden! ... Gemach. Noch ist es nicht soweit. Noch sitzt die neue Maske nicht ganz fest, noch ist das Publikum ausgeschlossen, noch ist man unter sich, und die strenge Stimme ist noch nicht zu hören, die unweigerlich ertönen wird: Ihr Auftritt, bitte!

Volle Geschäfte, hektisches Großreinemachen, auf dem Markt werden Hühner, Enten, Tauben, Wachteln am Fließband gemetzelt, Fische verenden in Plastiktüten auf dem Heimweg, Krabben warten mit traurigen schwarzen Augen auf den Tod im Feuertopf. Nachmittags beginnen Fernsehshows von gewaltiger Scheußlichkeit, der Bürgermeister schüttelt Hände, verteilt Blumen und Stofftiger, begrüßt Veteranen und Krankenschwestern und Containerschiffsbesatzungen. Die Nachrichten werden unter roten Lampions verlesen. Den ganzen Tag hört man es knallen.

Bei Einbruch der Dunkelheit, wenn die Familie auf das Essen wartet, verstärkt sich der Lärm. Riesige Mengen Kies rutschen von unsichtbaren Ladeflächen, wolkenbruchartiger Regen prasselt auf imaginäres Blech, Wasserfälle rauschen, Zeltdächer knattern, Urwaldtrommeln ertönen, Donnerschläge, Maschinengewehre. Um halb elf ist der Himmel rot von diesem allumfassenden elektrischen Beben, es zuckt und wetterleuchtet ununterbrochen. Von Minute zu Minute steigert sich das Knattern und Zischen, das Prasseln und Sausen, die wahnwitzige Knallerei. Doch kein Krieg, keine Naturkatastrophe kündigt sich hier an; nur das friedliche neue Menschenjahr.

Ein gigantisches Verdauungssystem entläßt monströse Fürze gen Himmel, ein Panzer, der die Stadt eisern umklammert hielt, beginnt Stück für Stück zu platzen. Kometen mit langen irisierenden Schweifen verglühen haufenweise in den Gassen. Feurige Samen werden in die Luft geworfen und tragen sofort und überreichlich Frucht. Es regnet Blumen und Diamanten und blitzendes Konfetti. Funkensprühende Fische schwimmen in der rauchgeschwängerten Luft. Flammende Springbrunnen berieseln die Dächer. Weißäugige Schlangen suchen schillernd das Weite. Zwischen halb zwölf und Mitternacht ballt sich die Energie der Stadt zu einem einzigen ohrenbetäubenden Getöse, einer Orgie irrlichternd zuckender bunter Himmelslichter, einem alle Grenzen sprengenden Höllenlärm. Doch nicht im Himmel, nicht in der Hölle werden solche Feste gefeiert; nur die Erde gibt diese Freude.

Diesem so nüchternen und praktischen Volk ist unübersehbar ein Hang zum Gemütvollen eigen, gerade dort, wo
es ums Geschäft geht. Die Fußgängerbrücke Nanjing Lu
Ecke Shimen Yi Lu ist dafür ein gutes Beispiel. Im Ge-
tümmel der nach Waren jagenden Menschheit ist sie eine
wahre Oase! Der Aufgang ist nicht steil und kantig wie
bei anderen Fußgängerbrücken, sondern verläuft in ro-
mantischen Kurven, und hier und da laden balkonartige
Ausbuchtungen zum Genießen der Aussicht auf Rekla-
metafeln und Taxikolonnen ein. Das Geländer ist hellblau
und weiß gestrichen, was an Himmel und Wolken oder an
Bettwäsche denken läßt. Der obere Teil ist in der Art eines
Laubengangs gestaltet, mit grünen, wenn auch von einer
schwarzen Dreckschicht bedeckten Zweigen und Blättern
und roten Ackerwindenblüten aus Plastik, die sich um ge-
wölbte Eisenstangen wickeln. Unwillkürlich verlangsamt
der auf dieser Fußgängerbrücke entlanggehende Kunde
seinen Schritt. Es ist ihm fast wie einem Flaneur zumute,
der träumerisch in der Welt herumbummelt. Bereitwillig
wirft er seinen Obolus in den Becher einer malerischen
Bettlerin, die ihm die Schalen ihrer Sonnenblumenkerne
vor die Füße spuckt, schon ist er geneigt, die ewig Purzelbaum schlagenden Pandabären und funkgesteuerten Poli-
zeiautos der fliegenden Händler als durchaus originelle
volkstümliche Hervorbringungen zu betrachten. Die La-
denmädchen, die ihm unter hängenden Ranken entgegen-

kommen, erscheinen ihm als interessante Müßiggänge-
rinnen, mit denen er gern im Schatten lustwandelte, der
junge Mann, der mit gerunzelten Brauen einen Kassenzet-
tel studiert, sieht von weitem aus, als läse er in einem Band
mit Gedichten.

Von all diesen Eindrücken fühlt sich der Kunde seelisch
erhoben und gestärkt, so daß er, von der Fußgängerbrücke
in sanftem Schwung zum Eingang des nächsten Kaufhau-
ses geleitet, mit nüchternem Seufzen den Beutel aus der
Tasche zieht, um den praktischen Zweck seines Daseins zu
erfüllen.

(Aus den *Phönixflügen ins Paradiesland*) ... Nun gelangten
wir ohne Säumnis zum Tore jener Stadt, über dem in herr-
licher Schrift geschrieben stand: »Weisheit und Güte,
Kostbarkeiten ohne Zahl«. Wie erstaunten wir aber, als
wir dort alles genauso gebildet fanden wie in jener irdi-
schen Stadt über dem Meer, die wir vor langer Zeit verlassen hatten, Häuser und Straßen, Fahrzeuge in großer Zahl
und Menschen, mehr als der Lange Fluß Sandkörner mit
sich führt, wenn er trüb ist und geschwollen von Herbst-
regen. Tankstellen, Mittelschulen, Armeekrankenhäuser
waren auf dieselbe Weise numeriert, und auch in der Art
der Kleider, der Haartracht und selbst der Weise zu sprechen fanden wir uns ganz daheim ... Wir wandten uns also
an einen Bürger, der den gutgebürsteten Rock, die weiße
Haut, das schmale und wahrhaftige Auge des Edlen besaß,
und fragten ihn, welchen Namen die Stadt trage, der
wir uns anvertraut, und ob er eine Herberge wisse, wo wir
nach den Anstrengungen des Fluges ein Weilchen der
Ruhe pflegen könnten. Wie groß war jedoch unsere Ent-
täuschung, als er nach einem kurzen Blick auf unsere Füße
verächtlich ausspuckte und davonging! Nun erst wurden
wir gewahr, daß die Hiesigen nicht in unserer Manier die
Füße zum Gehen und zum Treten von Pedalen benutzten,
sondern, dem Straßenstaub enthoben, auf einzelnen pfir-
sichfarbenen Wolken vorwärtsschwebten, -glitten und
-hüpften, wodurch der ganze Verkehr auf vorbildliche

Weise abgewickelt werden konnte und auch der Himmel kein schlechtes Wetter mehr schickte, da er sich nicht mehr durch die zu ihm aufsteigenden giftigen Autoabgase beleidigt fühlte ... Wir lernten, daß die Bürger dieser Stadt die Menschen nicht nach Haut und Auge beurteilen wie wir, sondern allein nach der Beschaffenheit der Wolke unter ihren Füßen, die klein oder groß, dünn oder dick, mehr rosig oder mehr grau sein konnte, im schlimmsten Fall aber gar nicht vorhanden war, wie bei uns Ausländern, und wie sonderbar und verdreht uns diese Beurteilungsweise auch anfangs vorkam, so konnten wir uns mit unseren gewohnten Begriffen doch schließlich einen Reim darauf machen, und sie schien uns allmählich sogar weniger unvernünftig und willkürlich als die unsrige, während das, was wir bald darauf erleben sollten, alle unsere Begriffe und Vorstellungen überstieg ... So wenig die Marktbuden und Kramläden, die wir gesehen hatten, den Rumpelkammern glichen, als die wir sie kannten, so gering war auch die Ähnlichkeit zwischen unserer althergebrachten Art des menschlichen Umgangs und Verkehrs und der hier geübten ... Freilich war die feine Sittlichkeit und gleichsam duftende innere Ordnung nicht auf den ersten Blick zu erkennen, und wir bemerkten oft erst im nachhinein, in welch peinliche Diskrepanz zu den bürgerlichen Gepflogenheiten wir uns durch die rauhen und scharfen Kanten unseres Verhaltens selbst brachten und wieviel Mühe es diejenigen, mit denen wir nach und nach bekannt wurden, zuweilen kostete, unsere unverständlich scheinende Grobheit ein wenig zu glätten, unsere plumpesten Schnitzer auszubügeln ... Namentlich beim Besteigen von

U-Bahnen und Bussen, aber auch beim Warten vor den Schaltern von Postämtern, bei der Essensausgabe in Kantinen und dort, wo es in Geschäften hinein- und herausgeht, wurden wir der Unangemessenheit unseres in entbehrungsreichen Erdenjahren gewachsenen und verfestigten Benehmens gewahr und schämten uns dessen bald wie eines barbarischen Lasters … Zwar gab es auch hier, in der luftigen Zwillingsstadt unseres staubbedeckten Herkunftsortes, die man nicht auf gewöhnlichen Wegen, sondern nur auf den Flügeln des Phönix zu erreichen vermag, zuweilen Wirrsal und Gedränge, doch dessen Ursache war nicht, wie bei uns, häßliche Anmaßung und schiere Gier und die unbeherrschte Sucht, andere hinwegzustoßen, um selbst den ersten und besten Platz zu gewinnen, sondern im Gegenteil äußerste Zuvorkommenheit, Höflichkeit und der tiefempfundene Wunsch, anderen unbedingt den Vortritt zu lassen und keinesfalls für sich selbst einen bequemen Sitz, eine gute Bedienung oder sonst irgendeinen noch so geringen Vorteil in Anspruch zu nehmen. An der Endhaltestelle einer U-Bahnlinie zum Exempel – bei uns bekanntlich ein Ort grauenhaften Getümmels, zahlloser Püffe, blauer Flecken und zänkischer Worte – herrschte auch hier ein mächtiges Gedränge, und zunächst glaubten wir uns zu Hause in dem Pulk einander schiebender und stoßender, schwitzender und schreiender Menschen auf dem breiten Bahnsteig, dann jedoch erkannten wir, wie schlecht wir beobachtet hatten! Es verhielt sich hier nämlich so, daß jeder einzelne unbedingt *nach* seinem Nachbarn in die wartenden Waggons einzutreten wünschte und nicht sich selbst mit aller Kraft nach vorn zwängte, sondern seinen edlen Nachbarn, dem er fortwährend auf das hitzigste zusprach, daß er sich doch *bitte* nicht weiter zieren und *unbedingt* zuerst eintreten solle, andernfalls er, der Drängende, sich in seiner Seele getroffen und beleidigt fühle, worauf der Gedrängte in wohlgesetzten Ausdrükken zur Anwort gab, daß ein um so viel höher stehender Bürger wie der edle Nachbar nicht das *Recht* habe, einem nichtswürdigen stinkfüßigen Wurm wie ihm, dem nun seinerseits Drängenden, den Vortritt zu lassen, er wolle die Strecke eher auf seiner dünnen Einzelwolke rutschend bewältigen, als eine solche unverdiente Ehre anzunehmen u. ä. m. – so daß das Einsteigen all dieser sich zurückhaltenden und kleinmachenden Menschen in dem Übermaße an Bescheidenheit, die ihnen eingewurzelt schien wie uns die rücksichtlose und so oft plötzlich »wie der brüllende Tiger aus dem säuselnden Gehölz« zum Ausbruch kommende Eigensucht, zu dem nämlichen Phänomen eines fürchterlichen Geschiebes und Gedränges führte, das uns von Erdentagen her noch so gut im Gedächtnis haftete und in dem wir um ein Haar tatsächlich zerquetscht worden wären … Als wir in unserer·Herberge ankamen, wo es so ruhig und reinlich zuging und das Abendessen nicht von Öl triefte und von scharfen Gewürzen brannte, sondern auch hier voller Bescheidenheit, mit wenig Fett und mäßig im Gebrauch der Gewürze zubereitet wurde, sprachen wir von all dem, was wir erlebt hatten, und erinnerten einander an die ersten Eindrücke von dieser Stadt, da uns alles falsch und verdreht vorgekommen war und wir uns doch allmählich in das Fremde hineingefunden und schließlich festgestellt hatten, daß vieles in Wahrheit besser sei als bei uns ... Und wir konnten uns des Mißmuts nicht enthalten und sagten traurig zueinander, daß es in unserer Erdenstadt in so vielem noch ungeübt und bäurisch zugehe, und fragten uns, wie lange es wohl noch dauern würde, bis wir den Stand jener auf Wolken schwebenden Edlen erreichen, deren Wohnort voller Wirrsal doch mit vollem Recht eine Perle genannt zu werden verdient, »von schimmernder Reinheit und sanftem Feuer«, weithin leuchtend am freudespendenden Ufer des Ostmeers und überquellend von Kostbarkeiten ohne Zahl ...

In der älteren Architektur finden sich überall Gitter, aus Holz und Stein und Metall, an Brücken und Pavillons, Wänden, Balkonen, Türen. Gitter, im Winter mit Papier beklebt, waren Fenster. Auch heute liebt man sie noch, zur Dämpfung grellen Lichts und gegen Diebe. Gitter trennen den Außenraum vom Inneren, ohne beide Bereiche voneinander abzuschließen, es sind Schwellen, akzentuierte Übergänge, offene Grenzen. In Gärten sind Gitter, oft als Blüten, Zweige oder Schriftzeichen gestaltet, kunstreich behandelte Themen. Sie halten den Blick auf, zerstückeln, entrücken, verrätseln, was man im Rahmen von Fenstern und Toren konzentriert betrachten soll. Die Wahrnehmung wird verunsichert, die Grenzen zwischen dem, was »Bild« ist, und dem, was als »Wirklichkeit« gilt, verwischt. Gitter wollen die Befreiung des Blicks. Gebrochen, erlangt er eine neue Sicht.

Der erste Aufstand der chinesischen Bevölkerung Shanghais gegen die Ausländer, die das Recht, auf ihrem Boden
zu siedeln und sich zu bereichern, mit Waffengewalt er-
zwungen hatten, fand 1874 statt, zweiunddreißig Jahre
nach dem Ende des Opiumkriegs, der Unterzeichnung
des Vertrags von Nanjing. Er forderte auf der Seite der
Ausländer einige Verwundete, auf chinesischer Seite sieben Menschenleben, nachdem die Besatzung eines im
Hafen vor Anker liegenden französischen Kriegsschiffs
nachts mordend und brennend durch die Stadt gezogen
war. Der Grund für den lodernden Zorn der Chinesen
war der Plan der Franzosen, ihre Konzession nach Westen hin zu erweitern und den weitläufigen Friedhof
einer angesehenen Handelsgilde durch eine Straße zu
entweihen. (Die Mitglieder dieser Handelsgilde stamm-
ten aus Ningbo, einer Hafenstadt circa hundert Kilometer
südlich von Shanghai, die jahrhundertelang das wichtigste Zentrum des Küstenhandels gewesen war und erst
zu Beginn des 19. Jahrhundert von Shanghai überflügelt
wurde. Aus Ningbo kam wesentliches Know-how, vor
allem auf dem Gebiet des Schiffbaus und des Bankwesens;
Zugewanderte aus Ningbo hatten viel zum Aufstieg
Shanghais beigetragen.) Am Ende einigte man sich güt-
lich. Den Chinesen wurde die Zahlung von 37 000 Taels
zur Strafe für die Beschädigung ausländischen Eigentums
auferlegt. Die Franzosen sollten den Familien der Opfer

7000 Taels zahlen. Der Friedhof sollte auf ewig unverletzt bleiben.

1898 wurden die Friedhofsmauern niedergerissen. Bald darauf wurde die Straße gebaut.

Inzwischen hatten die Ausländer mehr Erfahrungen mit Aufständen – ein Jahr zuvor hatten die Rikschakulis aus Protest gegen die Erhöhung ihrer Lizenzen mehrere Tage lang gestreikt – und verhinderten durch eine militärische Blitzaktion jegliche effektive Gegenwehr der Gilde. Es gab wilde Proteste, die sofort erstickt wurden. Die Aufständischen hatten zwölf Tote zu beklagen, unter den ausländischen Soldaten gab es keine Opfer. Es folgte ein monatelanger Boykott. In chinesischen Geschäften weigerte man sich, Ausländer zu bedienen. Viele chinesische Hausangestellte verließen ihren Arbeitsplatz in der französischen Konzession. Die Sache verkomplizierte sich durch Streitigkeiten zwischen Engländern und Franzosen, bis im folgenden Jahr die chinesische Regierung, nach dem verheerenden Krieg mit Japan geschwächt, der Erweiterung der Niederlassungsgrenze offiziell zustimmte, was zu einer Verfünffachung des ausländischen Territoriums auf Shanghaier Boden führte.

In neuerer Zeit wurden in Shanghai keine Friedhöfe mehr gebaut.

Shanghai gehört auch heute zu den acht Provinzen und Städten des Landes, die die Bestattungsreform vorbildlich durchgeführt haben. Diese Reformen, die der Förderung der »geistigen Zivilisation des Sozialismus« und der »Reinigung der gesellschaftlichen Umwelt« dienen, beinhalten vor allem die platzsparende Feuerbestattung, aber

auch die Abschaffung vieler alter Totenbräuche: Aufbah-
rung der Leiche und kniefällige Verehrung der Verstorbe-
nen, Grabopfer, lautes Trommeln und Abbrennen von
Feuerwerk, Verbrennen von Geistergeld u. a. Statt dessen
werden von den zuständigen Stellen neue, d. h. westliche
Formen des Trauerns empfohlen.

Die Urnen werden in die Vororte gebracht. Zum Toten-
gedenktag im April werden Bustouren zu den Friedhöfen
organisiert. Wer es sich leisten kann, kauft ein Grab in der
Umgebung von Hangzhou oder Suzhou. Die Toten sollen
in einer schönen Umgebung ruhen, wird erklärt. Denn es
gibt an jenen Orten Berge und Blumen und klares Wasser
und gute Luft. Merkwürdige Verkehrung! Einst rebel-
lierte man im Namen der Ahnen gegen Barbaren, die
im Namen des Profits darangingen, die Wohnungen
der Toten zu zerstören. Heute ist die Stadt von Gräbern
befreit, der ganz den Lebenden geweihte Boden darf
schrankenlos ausgenutzt werden, und wenn da einer nicht
mitkommt und im Zuge dieses großen, reinigenden Zivi-
lisationsprozesses die Wohnung verliert, kann er nicht
einmal mehr auf die Hilfe der Geister rechnen. Denn
womit sollen sie die Fahrkarte bezahlen?

Der Sommer ist da! Der Grillenverkäufer kommt! Ge-
mächlich trottet er die Straßen des Viertels entlang, ab
und zu stehenbleibend, um mit einem Kunden zu fach-
simpeln oder den Preis der Ware auszuhandeln. Die Grillen sitzen in Käfigen aus gelblichem Bambusgeflecht,
kleinen, mit Löchern durchsetzten Waben und Würfeln;
vielleicht hundert davon sind jeweils mit einer Schnur ver-
schlungen und hängen als dicke Pakete vorn und hinten
an der Stange, die der Grillenverkäufer auf der Schulter
trägt.

Die Stadt, die Welt – Haufen, Berge, Gebirge von Gril-
lenkäfigen, und der alte Mann, von dessen Schultern wir
baumeln, wie soll er wissen, daß es Protestgeheul ist, was
ihm als Wolke süßen Gezirps lieblich in den Ohren
klingt?

Vor dem Eingang des ummauerten Parks, der mitten in
der Stadt liegt, auf einer Fläche, die kaum einem der
größeren Hochhauskomplexe entspricht, wird Kinder-
spielzeug verkauft, Roboter, Funkautos, blonde Puppen,
martialisches Kriegsgerät. Es gibt Stände mit Drachen,
Windrädern, Luftballons und Zuckerwatte. Ein Händler
bietet Goldfische in Gläsern feil, ein anderer winzige
grün-rot gemusterte Schildkröten, der nächste einen Korb
voller flaumiger Küken. Am Tor stauen sich die Familien.
Es ist Sonntagnachmittag. Im Innern des Parks sind die
Bäume mit Papierschmetterlingen geschmückt. Auf einem künstlichen Berg aus zerklüftetem Kalkstein sitzen
Stoffaffen, die nach ihnen haschen. Es gibt auch einen
Käfig mit echten Affen und ein Raubtierhaus, wo ein Ge-
pard, ein Tiger, ein Löwe und ein Bär zwischen Eisenstangen und Beton traurig und apathisch ihr Leben fristen.
(Ohne Frage gibt man dem Gezähmten und Gemachten
vor dem Rohen und Wilden den Vorrang.) In den Bü-
schen singen unermüdlich Vögel. Sie sind krähengroß,
haben rotbraunes Gefieder und einen weißen Augenstreif.
Die hübschen Bambuskäfige mit Eß- und Trinknäpfen aus
blau-weißem Porzellan sind so eng, daß die Vögel sich gerade einmal um sich selbst drehen können. Nachmittags
werden sie von ihren Besitzern hierhergebracht. Genieße-
risch dem Gesang lauschend, sitzen die alten Männer auf
Bänken am See. Über den See hallt das aufgeregte Ge-

schrei der Bootsfahrer, die alle Mühe haben, nicht dauernd miteinander zusammenzustoßen. (Der See ist klein, aber so geschickt angelegt, daß man mehrmals Gelegenheit hat, ihn an schmalen Stellen auf gewölbten Brücken zu überqueren.) Nach der Bootsfahrt brauchen Väter, Mütter und Kinder eine Erfrischung. Imbißstände halten Eis, Limonade, Gebäck bereit. Am Ufer sind luftige Pavillons, wo man, wenn es nicht gerade Sonntagnachmittag ist, einen Platz findet, um auszuruhen und zu picknicken. Unter blühendem Oleander sieht man Frauenrunden mit Babys. Auf niedrigen Hockern sitzen Männer, die Karten spielen. Kinder fahren Karussell. Das Karussell für die Kleinsten besteht aus einigen aneinandergehängten Wägelchen, jedes davon mit aufgemalten Augen, einem spitzzähnigen Maul und einem Horn auf der Stirn. Die größeren Kinder fahren mit der Eisenbahn. Ab und zu hat die Eisenbahn Maschinenschaden, und die Reisenden müssen aussteigen, was ihnen den allergrößten Spaß macht. Ein Mann schiebt die Lokomotive die Gleise entlang, die Kinder schieben begeistert mit. Nicht weit davon lockt ein großes, mit bunten Giraffen und Fischen unbeholfen bemaltes Schild. Man bezahlt ein paar Pfennige Eintritt und betritt einen dunklen Vorraum. Vier oder fünf Papageien mit Fußketten krächzen einem ins Ohr, ein struppiges angekettetes Äffchen springt hysterisch hin und her. Überall liegen völlig unbegreifliche Dinge herum, Drahtrollen, Stöcke, Schläuche, Platten, Wannen, löchrige Körbe. An der Wand lehnt ein Fahrrad. Über der Tür hängen Kleiderbügel ohne Kleider. Unter dem Sofa schläft ein Kätzchen. Auf dem Tisch steht eine Schale mit roten Chilischoten. Daneben eine rostige Thermoskanne, ein Abacus. Der Fernseher läuft. Von irgendwoher taucht ein hochaufgeschossener Junge in Gummistiefeln auf, der in den eigentlichen Schauraum führt, ein kahles Gewölbe, wo in schmutzigen Glaskästen Echsen, Schlangen, Schildkröten und Fische vor sich hin vegetieren. Die Welt der lebenden geht unmerklich in die Welt der toten Tiere über. Man bemerkt ein ausgestopftes Krokodil, ein furchterregendes hummerartiges Ungetüm mit langem Stachel und einen kleinen Hund mit blauen Augen, der in einer undefinierbaren Flüssigkeit schwimmt. Der Boden der Glaskästen liegt voller Münzen. Der schweigsame Junge öffnet den Deckel eines Käfigs, ergreift die dort zusammengeringelt liegende Schlange am Kopf und trägt sie fort. (Wird er sie zum Abendessen essen?) Man folgt ihm und gelangt aufatmend wieder ins Freie, wo einen auf rundem Rasen Prinzen und Prinzessinnen aus Pappmaché erwarten. Sich an den Händen haltend, entsteigen sie vielblättrigen roten Lotusblüten aus Papier. Zwischen diesen märchenhaften Figuren toben unbezweifelbar reale Kinder aller Altersstufen. Väter sitzen mittendrin geduldig auf den Fersen, rauchen und werfen ab und zu Bälle zurück ins Gewimmel. Eine quäkende Lautsprecherstimme macht darauf aufmerksam, daß die Tore bald geschlossen werden. Es dämmert. Alles strömt zum Ausgang. Die eisernen Rolläden der Buden rasseln herunter. Die Boote schaukeln unter ihrem rostigen Dach am Ufer. Die Vogelkäfige werden zugedeckt. Ein paar alte Männer machen allein unter Bäumen ihre langsamen und konzentrierten gymnastischen Übungen. Der Pavillon mit den gezackten Kalkfelsen und der Trauerweide daneben ist leer. Fledermäuse flattern über dem stillen Spiegel des Sees. Die erschöpften Kinder schlafen friedlich auf den Schultern von Vätern, Müttern und Großmüttern. Vielleicht ist es das, was dem Park den Namen gibt. Heping heißt Frieden.

An einem Juliabend führt mich mein Weg durch die Renmin Lu am Rand des alten Stadtkerns. Die Türen der un-
zähligen kleinen Stuben, Läden und ebenerdigen Küchen
stehen offen, Verkaufsgespräche sind zu hören, Streite-
reien; ein Mann steht auf einer Leiter und zählt laut Handtaschen auf einem Regal; am Getränkestand werden Flaschen zur Kühlung in Wannen gestellt, deren Wasser
gleich wieder lauwarm ist; vom öffentlichen Abort her
weht bestialischer Gestank; am Straßenrand werden mit
Hackmessern Wassermelonen zerteilt; alte Frauen fahren
Kinder in Wägelchen herum; alte Männer mit Fächern
sitzen im Unterhemd auf Bambusstühlchen an der Kreuzung; Beos in ihren Käfigen rufen: »*Wei ni hao*«; Leute
arbeiten und essen, dösen, spielen – in jeder Quergasse
dasselbe, alles ist draußen, alles wartet auf den Sonnen-
untergang, das Nachlassen der Hitze.

Das Bild gleicht jener bekannten Karikatur, die einen
Querschnitt durch ein Mietshaus ohne Außenmauer zeigt.
Jedes kleine Viereck ist ein Lebensausschnitt, die Andeutung eines Schicksals, das Wand an Wand mit hundert anderen Leben und Schicksalen seine aristokratische Unver-
wechselbarkeit verliert und zum gleichgültigen Atom des
Volksgewimmels wird. Durch die Hitze wird das Innere
der Stadt nach außen gestülpt. Es gibt kein Geheimnis
mehr an einem solchen Tag. Wer hat dem anderen noch
etwas voraus? Ich bin Teil eines einfachen Stoffwechsels,

gebe aus, was ich habe, um zu bekommen, was ich brauche, genauso, wie ich ständig schwitze und die verlorene Flüssigkeit durch Trinken ständig wieder aufnehme. Der Körper hat keine Gelegenheit, Polster zu bilden. Reserve, Distanz, Vorteil, Besitz sind Illusionen des Nordens.

Die Hitze ist die große Gleichmacherin. Es gibt keine Einzelkörper mehr, nur noch Stadt, keine Sonne mehr, nur noch unergründliche opake Helligkeit, keine Luft mehr, nur noch vibrierendes Erz, versteinerte Dämmerung, Stadt, brütende, blinde, alles bannende, alles erstickende Stadt, die mit gichtigen Fingern den Himmel umklammert und ihn zu sich herunterzieht.

Leicht gehe ich in der Renmin Lu an einem Juliabend, schwitzend wie alle, erschöpft wie alle, unsichtbar in einem großen Einerlei. Nie war mir klarer, was die Faszination der Stadt ausmacht, nie sah ich sie nackter, nie wußte ich besser, daß es außer ihr nichts mehr gibt.

Die Hochhäuser sehen aus wie Bauklötze, aufgespießte Basketbälle, Garagentore, Dunstabzugshauben, Triumphbögen, Kühlschränke, Brückenpfeiler, Kathedralen, Fleischspieße, Siegertreppchen, Rutschbahnen, Ozeanriesen, Eiswürfel, Bratroste, Raketenabschußrampen, Minarette, Futtersilos, Autobatterien, kaputte Stühle, Einkaufstaschen mit Henkeln, Kugelschreiber, Burgruinen, Nagelbürsten, gebackener Tofu, Hanteln, Knochen, Ziegelsteine, Eßstäbchenbehälter, Kamine, Regale, Spiegelschränke, Finger mit Ringen, Pickelhauben, Parkuhren, Spritzen, Dolche, mit Silberband umwickelte Pakete, Brillenetuis, Computertastaturen, Gipsbeine, Schnapsgläser, Finger mit Warzen, verwitterte Grenzsteine, Glockentürme, Krückstöcke, Bienenstöcke, Peilstöcke, Mondfahrzeuge, Fieberthermometer, Helme mit Visieren, geschliffene Diamanten, angeknabberte Maiskolben, Schuhsohlen, Haarspangen, Zahnpastatuben, Bleistiftspitzer, Uhrbänder, Mikrofone aus den fünfziger Jahren, Totempfähle, Terrassentempel, Backenzähne, Geigenhälse, Schneidezähne, verfaulte Zähne, angebissene Zuckerstücke, Rolltreppen, Tortenheber, Handys, Taschenrechner, Zementmischer, entrindete Stämme, zusammengelegte Fächer, Frisiertische, Feuerwehrleitern, Pagoden, Flaschen, Särge, Kelche, Lippenstifte, Zahnstocher, Flaschenöffner ...

Die Hochstraße ist eine Autobahn auf Stelzen, die die
Stadt ringförmig umgibt und in Nord-Süd-Richtung
durchschneidet. Auf der Hochstraße ist man dem gefah-
renreichen Verkehrsgewühl am Boden enthoben und kann
sich ganz dem Genuß zügigen Autofahrens hingeben.
Diese Bequemlichkeit geht mit einem sonderbaren Phänomen der Wahrnehmung einher. Man stellt fest, daß die
Stadt von hier oben gesehen eine andere ist.

Wo sich unten das Leben im unendlich abwechslungs-
reichen Nebeneinander verschiedenartigster Sinnesein-
drücke darstellt, wo ausweglosem Elend an prunkenden
Reichtum grenzt, rücksichtslose Expansion an verzweifel-
tes Zurückbleiben, brutale Zerstörung an unbeschwert
experimentierenden Neubeginn, scheint oben alles von
der gleichen gespenstischen Starre erfaßt. Hier hält das
graue Alter der stürmischen, gierigen Jugend seinen bösen
Spiegel vor. Ein kalter, vom Leben abgenutzter und ausge-
laugter Riesenkörper zeigt sich in seiner ganzen schmutz-
starrenden Häßlichkeit. Sein Atem ist stinkender Smog,
seine Haut ist von einem grauen, schleimigen Film über-
zogen, den kein Regen mehr abwäscht. Wie lange weigert
sich dieser Körper schon zu sterben?

Nachts ist die Hochstraße von Scheinwerfern grell erleuchtet. Daneben scheint das Lichtermeer der Innenstadt
nur eine Handvoll armseliger Funzeln. Kaum durchdringt ihr matter Schein die schwüle Luft, die wie ein nas-

ser Scheuerlappen vom Himmel hängt. Hier und da sieht man sterngleich blinkende Reklamewände, mondblau schimmernde Fernsehschirme und andere vertraute Anzeichen geschäftiger menschlicher Aufschneiderei. Und doch kommt man von der Vorstellung nicht los, auf einsamer Piste eine wüste Gegend zu durchmessen. Welche Flut ließ diesen Haufen durcheinandergeworfener steinerner Würfel einst zurück? Wer mag zwischen diesen müden Mauern hausen, in diesen stickigen Labyrinthen umherirren? Wohin brachen die Menschen auf, die vor Zeiten aus Schwäche hier niedersanken? Was haben sie verloren, daß sie glauben, an diesem unbewohnbaren Ort sei etwas zu gewinnen?

Wir haben eine River Tour auf dem Huangpu gemacht.
Zuerst schien die Sonne. Alle Chinesen hatten Pullover an
und saßen innendrin, die anderen hatten T-Shirts an und
saßen auf dem Deck im Freien. Die Japaner haben gleich
fotografiert. Die Taiwanesen gingen mit einer Videokamera an der Seite entlang. Die Deutschen haben Sonnen-
brillen aufgehabt. Die Taiwanesen auch, aber nicht alle.
Rechts waren die Wolkenkratzer von Pudong – alles neu,
links war der Bund – alles alt. Der Huangpu war so breit
wie der Rhein. Ein Lautsprecher sagte: »Hi, friends!«
Dann etwas auf japanisch, weil die Kassette falsch einge-
legt war. Dann Musik und daß der Karaokeraum da und
da ist. Zwei Männer haben unten die Taue hereingezogen,
mit denen das Schiff an einem anderen festgebunden
gewesen war. Unten hat man auch den Maschinenraum
gesehen, aber da durften wir nicht bleiben, weil wir davon
nichts verstehen. Rechts waren Docks und Werften, links
auch, in der Mitte Schiffe. Rostige alte Containerschiffe,
rostige alte Flußkähne, rostige alte Passagierdampfer,
rostige alte Fischerboote, dazwischen nichtrostige neue
Containerschiffe, Flußkähne, Passagierdampfer und Fischerboote. Manche Schiffe waren an einem Ding festgebunden, das wie ein rostiger Deckel aussah. Der Lautsprecher sagte noch einmal: »Hi, friends!« Dann sagte er,
rechts und links sind Docks und Werften und daß Shanghai der größte Hafen Chinas ist, wie viele Tausende von

Schiffen hierherkommen und wie viele Millionen Tonnen Fracht umgeschlagen werden. Dann etwas auf japanisch. Die Sonne war sehr heiß. Wir bekamen Sprite in Büchsen und je eine Tüte getrocknetes Rindfleisch, süß-salzige Pflaumen und Kartoffelchips. Rechts und links waren Docks und Werften, in der Mitte Schiffe. Die Kähne waren mit Sand und Kohle beladen. Wir sahen einen riesigen Frachter aus Manila und einen noch riesigeren aus Korea (aber wir konnten nicht erkennen, ob Süd- oder Nordkorea, weil wir nicht wußten, wie die Fahne davon aussieht) und einen aus Panama namens *Sky Treasure*. Ein Schiff hieß *Schneedrache*, weil obendrauf alles ganz weiß angestrichen war. Wir sahen auch orangene Fährschiffe, die Menschen, Fahrräder und Laster übersetzten, und ein altes Fischerboot aus Holz mit abgeblätterter Farbe und aufgerollten Netzen und ein graues Kriegsschiff, wo die Matrosen Wäsche aufhängten, sie hatten blaue Uniformen mit weißen Streifen an. Auf einem Schiff standen zwei Kinder, die schrien. Auf einem anderen waren Männer, die das Deck schrubbten. Einer schweißte etwas an einer langen Röhre, er hatte einen Helm auf. Das war ein Tanker. Eine Frau schüttete einen Eimer mit ganz dreckigem Wasser in den noch viel dreckigeren Huangpu. Überall hingen zerfledderte rote Fahnen, besonders an den kleinen Schiffen mit starkem Motor. Dann sahen wir links ein Kraftwerk. Der Lautsprecher sagte, das wievieltgrößte des Landes es ist und wie viele Millionen Kilowatt Strom es produziert. Es waren lauter Schornsteine mit schwarzem und weißem Rauch und schwarze Berge von Kohle und fünf oder zehn Reihen von rostigen Flußschiffen am Ufer, die wahrscheinlich die Kohle gebracht hatten und jetzt Pause machten. Es gab rote Stahltürme, und daran hingen Container. So werden die Containerschiffe beladen und auch entladen, aber wir wußten manchmal nicht, was gerade dran war. Dann fuhren wir unter der Yangpu-Brücke durch, und der Lautsprecher sagte, wie viele Tonnen die Brücke tragen kann und wie viele Meter und Zentimeter sie lang ist und daß sie die längste Hängebrücke der Welt ist. Das haben wir nicht geglaubt. Es kam jetzt Wind, und man hörte dauernd, wie die Schiffe überall tuteten. Ein Japaner hat sich auf den Boden gekniet und den Kopf auf den Stuhl gelegt und geschlafen. Die Amerikaner haben geschnürte Stiefel angehabt. Nach und nach haben sie Jacken mit Kapuzen aus dem Rucksack gezogen, denn es kamen dunkle Wolken, und unten am Himmel wurde alles heller. Wir sind unter Deck gegangen. Nur die Amerikaner mit den Kapuzen sind oben geblieben, und der Japaner hat weitergeschlafen. Unten haben uns die Chinesen zuerst groß angeguckt, weil wir Ausländer sind, aber dann nicht mehr, weil sie sich an uns gewöhnt hatten. Es gab Sitze mit rosa Polstern, aber die Polster waren locker, und es wackelte immer, wenn man sich bewegte. Auf den Tischen waren aufgerissene Tüten, Pappbecher, Coladosen, Teegläser, zerknüllte Taschentücher und Sachen zum Essen. Eine Frau hatte lange angeklebte Fingernägel. Die anderen kamen vom Land. Ein Baby bekam die Brust, es hatte eine grüne Mütze mit Ohren und einen roten Anzug mit Blumen und Schlitz. Es war in ein Männerjackett gehüllt, weil es jetzt nicht mehr so warm war. Die Kinder saßen am Fenster, nur ein dickes Kind nicht, das immer bei seinem Vater bleiben mußte. Es waren auch alte Männer in alten blauen Jacken mit durchgescheuertem Kragen dabei. Manche Männer gingen ins Freie, und wenn sie zurückkamen, haben die anderen sie ausgelacht, weil sie zerzauste Haare hatten und auch nasse Kleider, besonders die Frauen. Es war Nebel überall. Rechts und links waren noch Docks und Werften zu sehen, aber undeutlich. Es gab auch viele Schornsteine, Fabriken, Kräne und Schiffe, an denen ganz kleine Männer hingen, die die Aufgabe hatten, das Schiff anzumalen, damit es nicht so schnell rostet, und einen Turm mit etwas, was aussah wie eine Uhr, aber mit weniger Zahlen, das war ein Windmesser. Der Huangpu war jetzt doppelt so breit wie der Rhein. Im Wasser waren Markierungen für die Schiffe, die aussahen wie die Spitzen von untergegangenen Pagoden. Wir haben uns gefragt, ob das noch der Huangpu ist. Das Ufer war auf einmal weg. Viele Männer sind aufgesprungen und rausgegangen, dann standen sie mit den Händen in den Hosentaschen am Geländer und haben nur so geguckt. Wir haben uns gefragt, ob das die Mündung ist. Der Lautsprecher hat nichts mehr gesagt, um uns etwas zu erklären. Vielleicht gehörte das Ufer mit Häusern und Anlegestellen und anderen Dingen, das wir sahen, zu einer der Inseln, wir wußten es nicht. Wir wußten nicht, ob dieses grau-weiße Wasser der Jangtsekiang ist, in den der Huangpu mündet, bevor sie beide zusammen ins Meer fließen, alles war groß und unsichtbar, man wußte gar nichts mehr. Wir standen da, wo auch die Männer standen und ein paar von den Frauen, alle waren ziemlich aufgeregt und zeigten dahin und dorthin, wo man gar nichts sah.

Dann war es uns zu langweilig, und wir gingen wieder rein, und auch wir wurden natürlich ausgelacht, weil wir von einer Welle erwischt worden waren. Aber der nasse Fleck auf dem Jackett hinten am Rücken von diesem jungen Mann war kein Huangpu-Wasser und auch nicht Wasser vom Jangtsekiang, aber so oder so, es hat ihm gar nichts ausgemacht. Dann hat das Schiff gewendet, alle unterhielten sich oder haben das Klo gesucht, zu essen gab es nichts mehr, also fuhren wir wieder heim.

Die Souveränität beim Essen zeigt sich beim Essen von Hühnerfüßen, die man, gekocht und eingelegt, hier gern als kaltes Entrée genießt. Chinesen halten sich den Fuß auf die zierlichste Weise mit Stäbchen vor den Mund – wie beim Singen scheint es beim Essen aus ästhetischen Gründen verpönt, den Mund weit zu öffnen –, und nach einigem eher beiläufigen Knabbern und Kauen liegen in Null Komma nichts die feinen Knöchelchen samt den fünf Krallen glatt und sauber rund um den Teller auf dem Tischtuch. Währenddessen müht sich der Westmensch, falls er sich dem ungewohnten Gericht nicht rundweg verweigert, auf die häßlichste, berserkerhafteste Art mit gebleckten Zähnen nagend und schabend, mit dem sperrigen Ding ab, versucht minutenlang, die gewonnene eßbare Substanz im Mund zu zermahlen und gleichzeitig die Konversation aufrechtzuerhalten, bevor er verzweifelt – was wird nach einem solchen Auftakt wohl noch folgen? – aufgibt und, um das Tischtuch nicht zu beschmutzen, den halbgegessenen Hühnerfuß auf das Tellerchen legt, das für den Reis gedacht ist ...

In einer Stadt, die vierzehn oder fünfzehn Millionen Menschen auf einer nicht sehr ausgedehnten Fläche zusam-
menpreßt, einer Stadt, die so ehrgeizig, so tatendurstig, so
mitleidlos ist wie diese, scheinen Gewaltsamkeit und Ver-
bissenheit im täglichen Verkehr unvermeidlich. Daß
davon so wenig zu spüren ist, hängt vielleicht auch mit der
kleinen, weitverbreiteten Gewohnheit des Innehaltens zusammen.

Mit Entsetzen vernehmen Chinesen Berichte von deutschen Sonntagen — ausgestorbenen Straßen, verschlosse-
nen Geschäften, Sonntagsfahrplänen, vierundzwanzig-
stündiger kollektiver Erschlaffung. Hier ist der Sonntag
zwar für die meisten arbeitsfrei, doch wird er nirgends heilig gehalten. Die Zeit der Arbeit und die Zeit der Ruhe
stehen sich nicht antagonistisch gegenüber. Urlaub kennen nur Privilegierte.

Der Alltag ist von Pausen durchsetzt. Kaum zeigt sich
irgendwo die Notwendigkeit, Müdigkeit zu bemänteln.
An Bushaltestellen und überall, wo es gerade nichts zu
tun gibt, sieht man Leute, die sich bequem auf die Fersen
niedergelassen haben und den durch Lärm oder Hitze aus-
gelaugten Körper zu seinem Recht kommen lassen. (Eu-
ropäer neigen in der gleichen Situation zu nervösem Auf-
und-ab-Gehen.) Besonders im Sommer ist nach dem
Mittagessen die ganze Stadt wie vom Zauberstab berührt.
Der Pförtner am Tor, Kinn auf der Brust, im zerschlisse-

nen Korbsessel über der Zeitung – die Marktleute an ihren Ständen – der Fahrradmann auf dem Bürgersteig, der sonst an einer Plastikwanne mit schmutzigem Wasser unaufhörlich Schläuche flickt – die Sekretärin am Computer – Studenten beim Vortrag – Angestellte in der Zahnarztpraxis, auf den Wartebänken liegend, wo sich sonst die Patienten drängeln – der Schreiner in der Werkstatt, hingestreckt auf dem Tisch, den er eben zusammengeleimt hat – die Verkäuferinnen im Geschäft, Köpfe auf dem Ladentisch – der ausgemergelte Fahrer des Lastfahrrads, Kopf auf dem Lenker, am Straßenrand – alles ist in tiefen Dornröschenschlaf gesunken.

In den frühen Morgenstunden trifft man überall auf Leute, die mit geschlossenen Augen minutenlang still und gesammelt dastehen. Andere bewegen sich – langsam, in langen, komplizierten Folgen und Figuren. Keiner der dicht an ihnen Vorübereilenden beachtet sie, ebensowenig wie sich die Übenden von den Passanten stören lassen. Die Entwicklung dieser erstaunlichen Fähigkeit der Konzentration, der zeitweiligen Abschottung des Eigenen von allem, was ringsum vorgeht, hängt vielleicht mit der Tatsache zusammen, daß Öffentlichkeit und Privatheit anders definiert, auf andere Weise voneinander abgegrenzt sind als im Westen. Bei der Arbeit, beim Lernen, in der Freizeit ist man fast nie vor den Blicken der Mitmenschen geschützt. Jene Fähigkeit ersetzt Wände und Türschlösser (und wird manchmal mit Teilnahmslosigkeit verwechselt). Sie hat weniger mit Ausruhen als mit bewußtem kurzzeitigem Zurücktreten von den praktischen Lebenszwecken, dem Geldverdienen und Vorwärtskommen, zu

tun. Im weitesten Sinn ist auch sie eine der kleinen, viel-
geübten Tugenden des Innehaltens, die ins große Kultur-
fach des Abstandwahrens gehört.

Während der Kulturrevolution wurde er vorübergehend
als Plastikfabrik genutzt. Heute ist der Tempel der Stille
mit seinen leuchtend safrangelb gestrichenen Mauern zwischen funkelnden Riesenhotels, der Rückfront eines reno-
vierungsbedürftigen Wohnhauses aus den sechziger Jahren und einer Großbaustelle eingeklemmt. Es ist ein
Gebäudekomplex mit schönen alten grauen Dächern,
Höfen, Hallen und überdachten Gängen. Man findet
darin ein Nudelrestaurant, Devotionalienläden, Arbeits-
räume, Fahrradabstellplätze, Schlafräume und Büros.
Überall knallen Türen, hallen Schritte, es wird nach Kräften geschwatzt und gekeift. Von weitem hört man die unaufhörlich hupenden Autos auf der Straße.

Im Hof steht neben dem großen Räuchergefäß eine immergrüne Magnolie mit staubigen braunen Blättern.
Unter dem Vordach sind Tische und Stühle gestapelt.
Rote Laternen baumeln an Messingständern. Der Schaukasten zeigt Fotos eines lachenden Abtes beim Bankett
mit irgendeinem Politiker. Unter den Besuchern herrscht
Wandertagsstimmung. Man zündet Räucherstäbchen an,
wirft Münzen, bringt mit einem hölzernen Klöppel eine
große bronzene Glocke zum Klingen. Zwei Mönche in
langen Gewändern raufen. Ein Mann im Anzug mit Kra-
watte brüllt in sein Handy. Einen Augenblick später steht
er mit geschlossenen Augen, brennendes Räucherwerk in
Händen, reglos da.

Vor der Gebetshalle wirbelt ein altes Mütterchen mit einem Reisigbesen Staub auf. Im Innern hängen bestickte Streifen roter Seide von der Decke. Auf dem Boden liegen abgenutzte seidene Kissen. Ein Besucher berührt den Opfertisch und streicht sich eine unsichtbare heilkräftige Substanz über den Kopf. Andere tun es ihm nach, mit nervösen Seitenblicken, als wüßten sie nicht, ob sie es auch richtig machen. In einer Ecke falten Frauen Silberpapier. An der Wand ist mit Reißzwecken ein Stadtplan befestigt. An einer anderen Wand hängt ein gerahmtes Schwarzweißfoto von einem alten Mönch mit Brille. Auf einem Regal sieht man Gummistiefel, Wasserkessel, Thermoskannen und andere Dinge von unbestreitbarer Unheiligkeit. Aber was ist heilig? Ein großer, weißer, glatthäutiger Buddha sitzt im Schneidersitz zwischen Glühlampen mit rosafarbenen Lotusblütenblättern aus Blech. Vor ihm sind Vasen mit Plastikblumen und Schalen mit Äpfeln und Pomelos aufgereiht. Er gleicht einem Händler auf dem Markt, der nach einem langen Tag auf seine noch immer nicht verkauften Waren hinunterblickt, oder einer Hausfrau, die nach dem Einkaufen nach Hause kommt und sich darüber ärgert, daß sie wieder einmal sinnlos Geld ausgegeben hat.

Ein Mönch am Eingang liest mit leerem Gesicht in einem Buch. Er kratzt sich mit schmutzigen Nägeln den Kopf. Er gähnt.

Was ist heilig?

Der Bus biegt von der Beijing Lu in die Xizang Lu ein, ich bin eine Haltestelle zu weit gefahren und muß zurücklaufen. Es ist spät, die Füße tun mir weh, die Straße steigt ein wenig an und senkt sich gleich wieder, dieser kaum spürbare Buckel ist eine der vielen Brücken über den Wusong (oder Suzhou Creek), der hier nur noch eine kurze Wegstrecke zurücklegen muß, bevor er am nördlichen Ende des Bund in den Huangpu mündet. An der Brücke stauen sich Dutzende von Lastkähnen. Am Bug stehen Frauen in Gummistiefeln, Taue in Händen, schimpfend, schreiend, winkend. Die Männer stehen zwanzig Meter hinter ihnen an den Steuerrädern. Das erhöhte Kabinendach ist überall heruntergeklappt, denn die Brücke ist sehr niedrig. Es bedarf geschickten Manövrierens, um sie zu passieren. Einer der größeren Kähne ist steckengeblieben, die nachfolgenden wollen gleiches verhindern, suchen, sich unendlich langsam, schwankend, schwerfällig bewegend, die beste Ausgangslage in der Mitte des kleinen Flusses, um unter der flachen Wölbung reibungslos durchzukommen. Auf der anderen Seite der Brücke wartet eine lange Reihe kleinerer, aneinanderhängender Boote auf die Durchfahrt in entgegengesetzter Richtung. Die Leuchtreklame einer Bowlingbahn wirft helle Lichter auf das braune, stinkende Wasser. Direkt unter mir liegen die Schiffe, deren ärmliche und schäbige Aufbauten zu ihrer imponierenden Größe, dem Freien und Majestätischen, das ihnen eignet, in groteskem Mißverhältnis stehen. Die Ladung – Sand, Ziegel, Bauholz – drückt sie tief ins Wasser. Immer, wenn wieder ein Verband kleinerer, wendigerer Boote an ihnen vorbeizieht, werden die seitlichen Stege überspült, die Frauen, die die Kähne mit langen Bambusstangen in Position halten, waten in der träge schwappenden Brühe, auf der Unrat und leuchtende weiße Styroporschachteln schaukeln wie giftige Wasserlilien.

Die Unruhe auf dem dunklen Fluß überträgt sich auf mich, ich kann meine Augen nicht mehr von den Schiffen wenden, die auf merkwürdige Weise miteinander verschworen sind, hier einander schleppend, dort einander verdrängend – ein sonderbarer Kampf, eine sonderbare Gesellschaft. Das Durcheinander von Arbeitsutensilien, Eimern, Autoreifen, zerschlissenen Tauen, Fahrrädern, zusammengerollten Planen im Bug, das Unreinliche und Nachlässige der ganzen durch und durch prosaischen Szene fasziniert mich immer mehr. Scheinwerfer flammen auf, die in das Innere des stockfinsteren Brückenraums hineinleuchten, und hohl klingende Stimmen dringen von dort heraus wie aus einer Gruft. Die jungen Bootsfrauen mit langem, auf dem Rücken zusammengebundenem Haar rufen den Männern am Steuerrad zu, nicht länger zu zögern, endlich die Durchfahrt zu wagen. Stoßweise arbeiten die Motoren, die Schornsteine entlassen schwarzen Rauch in die feuchtkalte, neblige Luft, langsam dreht sich ein schwerer Kahn der Flußmitte zu. Die kleinen, wachsamen, doch nie bellenden Hunde gehen währenddessen ihren eigenen Geschäften nach, beschnüffeln einander und springen so selbstverständlich von Bord zu Bord, als wären alle Schiffe Planken eines einzigen riesigen zerbrochenen Floßes, das, vom großen Ozean hereingespült, an den steinernen Ufern des Wusong gestrandet ist.

Ich weiß nicht, wie lange ich schon hier stehe, mitten auf der Brücke, im Strom der Passanten, und hinuntersehe auf das dunkle Gedränge der Kähne, dem außer mir niemand Beachtung schenkt. Zeit und Weg und Abendessen sind gleichgültig geworden. Das Wasser glänzt und funkelt wie nasser Teer. Langanhaltendes Tuten ertönt von der anderen Seite der Brücke, es wird vom Verkehrslärm auf der Straße verschluckt. Um mich streben die Leute nach Hause. Sie sehen nicht, was ich sehe, sie sprechen ihre Sprache, als gäbe es nichts anderes. Aber ich bin fremd hier und will fremd sein an jedem Ort.

Kürzlich bekam ich eine Kalligraphie geschenkt. Ich hängte sie auf und vertiefte mich in ihre Rätsel. Die Worte wurden mir übersetzt, ich habe alles entziffert. Es ist ein tiefgründiges und strenges Gedicht, es handelt von der Zeit. Aber das ist der Inhalt und damit die einfache Seite der Sache. Was ist mit der anderen, wesentlicheren Seite, der Form, dem *einen* Zug der Schrift, der, kraftvoll, flirrend, sich verknotend, sich lösend vor meinen Augen als Bild entsteht?

Der Schreibkünstler, ein Professor der Malerei im Ruhestand, übt seit seiner Kindheit, oft mehrere Stunden am Tag, indem er, eine mit Wasser randvoll gefüllte Schale in der Armbeuge, den Pinsel handhabt. Lächelnd erzählt der alte Herr, wie sein Vater ihn in die Kunst einführte: durch Ohrfeigen bei jeder fehlerhaften Strichfolge, jeder unzulässigen Abkürzung, jeder unschönen Proportionierung der Zeichen auf dem Blatt. Heute ist er stolz, einer viele Jahrhunderte währenden Tradition anzugehören.

Sie geht auf Wang Xizhi zurück, einen gelehrten Beamten der östlichen Jin-Dynastie. Seit jener Zeit, dem dritten und vierten nachchristlichen Jahrhundert, das auch den Beginn der Malerei als selbständiger Kunstgattung markiert, zerstört und erneuert die Hand des Kalligraphen immer wieder das verbindliche Zeichensystem der Schrift. Diese Schrift ist, in ihren Grundzügen unverändert, seit über dreitausend Jahren im Gebrauch, hochbedeutend in der Verwaltung des kaiserlichen Staats. Kalligraphie als Auseinandersetzung mit Schrift hieß daher stets auch Auseinandersetzung mit der herrschenden Kultur. Mit ihr verband sich ein den Zwängen des politischen Zeremoniells, der ehernen Hierarchie der Verwaltung, den offiziellen Leitsätzen entgegengesetzter Geist der Einkehr, des kontrollierten Nicht-Denkens, der konzentrierten Spontaneität. Gewünscht wurde, was im öffentlichen Leben verpönt war, der freie Ausdruck der innersten Persönlichkeit, des Individuums.

(Was bedeutet es für die Kalligraphie, wenn die Schrift als allgemeines Bindeglied und verläßliches Wissensreservoir verlorengeht und in wesentlichen Bereichen der kulturellen Produktion durch künstliche, schnell veraltende Codes zur Speicherung von Information ersetzt wird? Auf dem verwandten Gebiet der Landschaftsmalerei stellt sich die Frage vielleicht noch krasser. Auch wenn ihr Zweck nie die einfache Darstellung eines Ortes gewesen ist, so muß eine in vorindustrieller Zeit gemalte Landschaft doch anders beurteilt werden als ein heutiges Bild, das jenem in Technik und Thematik gleicht. Wird die bis jetzt unverändert hochgeschätzte Schreibkunst zum harmlosen Anachronismus herunterkommen, kann sie mehr sein als Folklore, belächeltes Hobby alter Männer, die sich, wassergefüllte Schale in der Armbeuge, sinnlosen Exerzitien hingeben?)

Heute findet sich Kalligraphie an vielen Orten, wo der Anspruch auf Kultur erhoben wird. Der Namenszug von Zeitungen wird von der Hand bedeutender Staatsmänner gestaltet; Universitäten tragen ihren Namen, geschrieben von bekannten Wissenschaftlern oder anerkannten Persönlichkeiten des gesellschaftlichen Lebens, in Stein und Gips über dem Tor und als Logo auf ihren Urkunden; Ehrentafeln, Gedenksteine, Mahnmale kommen nicht ohne Kalligraphien berühmter Literaten oder Politiker aus, und in Amtsstuben, Wartesälen, Geschäften und Restaurants hängen Kalligraphien gerahmt an der Wand, um allgemeine moralische Grundsätze bekanntzugeben oder den Duft von Speisen zu loben.

Nachdem ich im Shanghai Museum zum erstenmal eine Anzahl berühmter Kalligraphien konzentriert betrachtet hatte, fuhr ich mit dem Bus nach Hause. Ich dachte über Balance und Rhythmik, die wilde, exzentrische Schönheit einiger Schriften nach, die ich gesehen hatte; ich versank immer tiefer in Gedanken über diese einzigartige Kunst, die Schrift ist und Bild und in den imponierendsten Beispielen von Texten in Kursivschrift sich auf einem äußersten Grat als symbolische Mitteilung behauptet, während sie gleichzeitig nichts ist und sein will als reine, konkrete, unverwechselbare und unwiederholbare Spur des Augenblicks. Der Bus geriet in einen Stau. Plötzlich sah ich mich mit einem Pappschild konfrontiert, auf dem mit dem Pinsel etwas wie ein Gedicht gemalt war. Die Schriftzeichen erschienen mir von ebensolcher Souveränität des Ausdrucks und Vollkommenheit der Komposition wie die soeben im Museum gesehenen, und es dauerte mehrere Minuten, bis mein in Bewunderung erstarrter Blick zu den Zahlen (arabisch geschrieben) vordrang, die den wesentlichen Bestandteil des Textes ausmachten und verrieten, daß es sich um ein Verkaufsschild für die darunter aufgehäuften Billigschuhe aus Lederimitat handelte. Ähnliches ist mir seitdem immer wieder passiert. Kaum meine ich, etwas von Kalligraphie begriffen zu haben, werde ich mir meiner völligen Ahnungslosigkeit bewußt. Diese Kunst ist Hand-Werk, alles kommt darauf an, wie flüssig, wie subtil, wie nah oder fern dem Muster der alten Meister der Pinsel geführt wird, und gerade das ist für den an andere Schrift und Schreibwerkzeuge gewöhnten Fremden am schwersten zu erkennen.

In einem ihrer Bücher über chinesische Kunst bemerkt Jessica Rawson, daß der Westen, geblendet von handwerklicher und ästhetischer Perfektion der Waren, die auf den Handelsschiffen der Portugiesen, Spanier, Holländer und Engländer von China nach Europa kamen, die von Chinesen selbst am höchsten geschätzten Hervorbringungen ihrer Kultur nie kennenlernte. Seide, Tee, Porzellan waren von jeher begehrte Luxusgüter. Doch von den großen kaiserlichen Sammlungen mit Bronzegefäßen, Jadeobjekten und Kalligraphien wußte man im Ausland lange nichts. »Hinter der Raffinesse der Oberfläche seiner Luxusgüter«, schreibt Jessica Rawson, »blieb das Land ebenso wirkungsvoll verborgen wie einst hinter den physischen Barrieren – Bergen und Wüsten – seiner Geographie.«

Kürzlich bekam ich eine Kalligraphie geschenkt.

Hier hängt sie nun und gibt mir ihre Rätsel auf.

Aufruf der Ersten Internationalen Antikaraokeliga
(EIAKL). An alle denkenden Menschen! Von vielen uner-
kannt oder bewußt verharmlost, greift die verheerende
Seuche immer mehr um sich. Tausende und aber Tausende
unscheinbarer städtischer Lokale stellen Tausende und
aber Tausende von Infektionsherden dar. Tausende und
aber Tausende von Buchhaltern, Spinnereifacharbeiterin-
nen, Assistant-Managern, Architektinnen, Rohrlegern,
Pfannkuchenbäckern, Kindergartendirektorinnen und viele andere brave Mitglieder eines glorreichen Volkes haben sich angesteckt. Abend für Abend dröhnt und blökt,
zirpt und säuselt es aus Tausenden und aber Tausenden
von Mündern. Tausende und aber Tausende von unerträglich einfallslosen, banalen und stupiden Melodien, durchsetzt von unerträglich stupiden, infantilen, gemeinen und
verlogenen Texten, begleitet von unerträglich billigen,
stupiden, kitschigen, einfallslosen und verlogenen Bildern
vereinen sich zu einem wahrhaft infernalischen Geheul,
das die Stratosphäre durchdringt und den Saum des
himmlischen Bühnenvorhangs in Schwingung versetzt.
Was aber lauert hinter dem Vorhang? Was würden all
diese mitleiderregenden Kranken erblicken, wenn sie es
wagten, dem Applaus zu mißtrauen, den Vorhang her-
unterzureißen, den Gott zu entlarven, den sie vor dem
Altar ihrer Bildschirme anbeten? Den Satan der elektronischen Ersatzwelt, den gefräßigen Moloch der Unterhal-

tungsindustrie! Ehrliche Arbeit und echte Geselligkeit
verachtend, weiß er seine Opfer unter den Arbeitenden
und Geselligen zu finden und schlägt gerade dort auf das
brutalste zu! Wer einmal den würdigen Vorstand einer
ernsten Institution, die holdselige Mitarbeiterin einer
ruhmreichen Bürogemeinschaft mit dem Mikrofon in der
Hand schief und befangen vor dem Bildschirm stehen sah,
wo sie mit blecherner Stimme die Begleitung zu einem
Video herunterleiern, das sich an Peinlichkeit mit nichts
auf der Welt vergleichen läßt, dem muß das Herz bluten
wie dem Schreiber dieser Zeilen. Gibt es noch Hoffnung?
Bürger! Genossen! Freunde! Laßt nicht zu, daß die Seuche
weiter um sich greift! Setzt den profitgierigen Verbrechern, die aus geselligen Runden primitive Horden stam-
melnder Sklaven zu machen suchen, Euer entschiedenes
Nein entgegen! Erinnert Euch! Denkt an die anregenden
Erzählungen und aufmunternden Gespräche, den herzli-
chen Austausch, das schöne gemeinsame Liedersingen, das
man einst in freudvoller Runde pflegte! Grabt aber auch
die schlimmsten Szenen des letzten großen Angriffs auf
die Kultur unseres Vaterlandes aus dem erschöpften Boden Eures Gedächtnisses aus – kaum drei Jahrzehnte
liegt sein Beginn zurück –, um Euch gegen den ganz an-
dersartigen Angriff eines ganz anderen Feindes zu wapp-
nen! Unterschätzt nicht seine Vernichtungsgewalt! Nachbeten und Nachsingen ist eins! Wißt Ihr nicht mehr,
wohin das massenhafte Nachbeten verlogener Worte
führte? Damals waren es Parolen, heute sind es billige
Schlager! Karaoke zersetzt das Gehirn! Karaoke ist Ver-
marktung der Imagination, Vernebelung der Sehnsucht,

Verhöhnung von Gefühl und Verstand! Karaoke ist Verdummung! Karaoke muß bekämpft werden! Diesem Aufruf werden weitere folgen. Verbreitet sie in Büros und Klassenräumen, Werkstätten und Kantinen! Knüpft Gespräche an! Macht Kollegen, Freunden, Verwandten klar, was auf dem Spiel steht! Bietet dem Übel die Stirn, wo es sich zeigt! Tretet der Ersten Internationalen Antikaraokeliga (EIAKL), der unbeugsamen Avantgarde der internationalen Karaokegegner bei! Seid wachsam! Widersteht!

Man sieht sie im Fernsehen, bei Kongressen, Einweihun-
gen, Urkundenüberreichungen aller Art. Man hört und
liest von ihren unermüdlichen Bemühungen, die Staats-
betriebe umzugestalten und der Arbeitslosigkeit Herr zu
werden, ihrem heldenhaften Kampf gegen Schlamperei
und Korruption, ihren stets von Erfolg gekrönten Anstrengungen, das Land am Strudel der ostasiatischen Fi-
nanzkrise vorbeizusteuern. Aber im wirklichen Leben?
Wo trifft man sie?

In meiner Klasse ist einer. An seiner Jeansjacke steckt
die Flagge der Volksrepublik. Er ist vierundzwanzig. Er
hat das Fach Marketing studiert, weil das seinem Vater
aussichtsreich schien, und nebenbei Bücher gelesen, ein
paar Romane, vieles über Kultur und Gesellschaft, auch
einige Werke von »Chairman Mao«. Sein Großvater, der
in Yan'an lebte, habe »Chairman Mao« sogar einmal gesehen, sagt er lächelnd und etwas herablassend. Er lächelt
dauernd, wegen seiner furchtbaren Schüchternheit. Er hat
feine, weiche Hände und schlechte Haut, seine Stimme ist
mädchenhaft leise. Er trägt eine große Brille mit dicken
Gläsern. Er fragt mich, warum den Deutschen Honecker
nicht gefallen habe. Honecker sei auch Kommunist gewesen. Kommunismus sei das Beste für die Welt und für
China. Kommunismus bedeute, daß alle Leute Geld hätten und Arbeit und sich wohl fühlten. Einmal trank er bei
einer Party ein paar Glas Bier, und weil er es nicht ge-

wöhnt ist, Bier zu trinken, war er sofort betrunken. Er bekam kaum noch einen zusammenhängenden Satz zustande, kicherte ununterbrochen, stammelte unausgegorenes Zeug und schlenkerte auf eine merkwürdige Weise mit seinen langen Armen in der Luft herum. Nachdem er eine Weile in einem Sessel gedöst hatte, beugte er sich plötzlich vor und sagte, langsam und mit feuerrotem Kopf: »Alle Menschen sind Brüder.« Ich antwortete obenhin mit einem von den Umstehenden mit lautem Lachen aufgenommenen Scherz über die bei erhöhtem Alkoholkonsum proportional erhöhte Bereitschaft, Dinge dieser Art zu denken und zu glauben.

Das verzeihe ich mir nicht.

Die chinesische Oper – in Shanghai wird neben der Pe-
kingoper in zahlreichen Theatern die ältere Kunoper dar-
geboten – ist eine aus vielen einzelnen, höchst komple-
xen und standardisierten Fertigkeiten zusammengesetzte
Kunstform, in die nicht leicht einzudringen ist, wenn man
mit westlichen Augen zu schauen und mit westlichen
Ohren zu hören gewohnt ist. Die der Kunoper zugrunde-
liegenden Stücke stammen von Dichtern aus der Zeit der
Yuan- und Ming-Dynastien. Sie sind zu lang, um an
einem Abend zusammenhängend gespielt zu werden, man
beschränkt sich daher auf einzelne Akte. Manchmal werden von Akt zu Akt die Sänger/Darsteller der Hauptrollen
ausgewechselt, so daß das Publikum die Möglichkeit erhält, Vergleiche zu ziehen. Oft singen Frauen Männerpar-
tien, es gibt auch Männer, die Frauenrollen spielen. Das
Stimmtraining für die einzelnen Rollen beginnt im frühen Kindesalter, im Alter zwischen dreißig und vierzig erreichen die Sänger ihre höchsten Leistungen. Sie singen
nicht nur lange Melodien in einer Sprache, die von Unge-
bildeten heute kaum noch zu verstehen ist, sondern müssen auch die jede Rolle charakterisierenden Gesten, die
der Musik entsprechenden Schrittfolgen, Hand- und Fin-
gerhaltungen, Kopfdrehungen, Augenbewegungen usw.
beherrschen. Auch die Art, wie man Gewänder und Kopf-
putz zu tragen hat, die langen Ärmel wie Flügel oder Fahnen einladend oder abweisend schüttelt, aufrollt, zurück-

schiebt, den Fächer als Ausdrucksmittel einsetzt, bedarf des jahrelangen Trainings. Dazu kommt das Wissen darum, wie man sich der Rolle entsprechend schminkt, Instrumentenkunde, Wissen um poetische Techniken und vieles mehr. Man kann nicht umhin, die Leistungen der Sänger, die somit gleichzeitig Schauspieler und Tänzer (und manchmal Akrobaten) sein müssen, zu bewundern. Wie kommt es, daß sich dennoch kaum ein Westmensch für die chinesische Oper begeistern läßt? Was macht uns Schwierigkeiten beim Verständnis dieser hohen Kunst?

Ich glaube, es sind vor allem die Töne der Kopfstimme, die uns abstoßen.

Das Spektrum der Töne, über die ein Sänger der chinesischen Oper verfügt, ist größer als in der westlichen Gesangskunst. Die für die weiblichen, aber auch manche männlichen Rollen kennzeichnenden hohen, grellen, gedehnten und kreisförmig ausgestalteten Töne werden in China gerade wegen ihrer extremen Künstlichkeit geschätzt, in Westeuropa aber, wo heute die dumpfen Klänge der Bässe höchste Popularität genießen, gehören sie kaum mehr in den Bereich dessen, was als Kunst ernst genommen wird. Sie werden als hysterisch und abnorm bewertet. Sie klingen nicht musikalisch.

Die Kopfstimmen der chinesischen Oper verlangen vom westlichen Hörer Kopfarbeit. Ohne Einsicht in die Beschränkungen der kulturellen Normen, die unsere Hörgewohnheiten formen, ist der Reichtum dieses Gesangs nicht zu vernehmen. Ohne Anstrengung des Denkens bleibt uns der Musikgenuß versagt. Ohne Wissen sind diese kunstvollen Töne nur Katzenmusik. (Bedeutet das

einen bloßen Wechsel der Normen? Wäre es möglich, un-
sere Hörgewohnheiten völlig zu überwinden? Könnte es
gelingen – in einem Augenblick zwischen Wissen und
Vergessen, Entdecken, Verwerfen und Neu-Lernen –, zur
Erfahrung dessen vorzustoßen, was Töne sind, bevor
Musik aus ihnen wurde?)

Staubig sind sie, himmelblau. Lehmbespritzt und grob von Gesicht, breitnasig, mit Gaben hoch bepackt. (Eisenträger Stahlstangen Honigmelonen Kabelrollen Eierkartons Zementsäcke Ziegelsteine schnatternde Gänse Ölkanister Reissäcke) Die Achsen durchhängend. Die Ladung mit Stricken verschnürt. Vom Dreck des Landes die Scheiben verschmiert. An den Kotflügeln fressend der Rost.

Von weit her kommen sie.

Der Phönix tanzt.

Sie haben die Straßen des Südens gesehen. (Betonweiler stinkende Kanäle Wäscherinnen pinkelnde Kinder Melonenverkäufer schnatternde Gänse Maulbeerbäume magere Rücken der Straßenarbeiter Strohhüte Wasserbüffel Schlaglöcher Fabrikschlote Schlaglöcher) Sie werden erwartet.

Nachts kommen sie.

Der Himmel glüht.

Braune Männer sitzen in der Kabine, zugeknöpfte Jakken, Zigaretten im Mund, aneinandergelehnt.

Drei Könige.

Mit müden Augen starren sie die Stadt an, den neuen Stern.

Der Duft des Südens klebt in ihrem blauen Haar. Der Rost des Südens frißt an ihren Flügeln.

Amulette am Spiegel. (Glöckchen Fische zarter Phönix

mit hellem Schweif) Was vermögen Phönixe gegen die Macht der Stadt?

Der Phönix bebt und tanzt.

Nachts höre ich sie. (Nachts wenn ich wach liege in meinem Käfig) Sie tuten wie Schiffe.

Sternhell die Augen der Schlaflosen.

Rauch im Mund, verschwiegen der Blick.

Der Staub des Südens wirbelt in der Luft. Ratternde Räder. Lose Stricke, Kronen im Sturm. Der Duft der Erde erfrischt den Asphalt. (Gebeugte Rücken der Bauern Strohhüte grüner Reis leuchtende Felder Brücken Kanäle Boote Wäscherinnen Wasserbüffel pinkelnde Kinder dampfende Felder graue Wolken) O Licht!

Der Morgen graut, der falsche Stern verglüht.

Die Stadt ist ein enger Käfig. Doch der Himmel des Südens ist nah.

Menschen aus dem Westen assoziieren Lautsprecher, aus denen frühmorgens Marschmusik, mittags Schlager, bei besonderen Anlässen Kommandos, Parolen oder über mehrere Stunden die Reden politischer Führer dröhnen, quäken, scheppern, gern mit dem totalen Staat orwellscher Prägung, besonders wenn sie gezwungen sind, eine Zeitlang (auf dem Gelände einer Schule oder Universität) direkt neben einem dieser Lautsprecher zu wohnen. Die Musik ist laut und roh, die Parolen sind einfältig, die Reden ohne Witz und Wahrheit. Lautsprecher stören. Lautsprecher dringen in die Privatsphäre ein. Lautsprechern ist man hilflos ausgeliefert. Man hat allerdings immer weniger Anlaß, sich über den Lautsprecherterror zu beklagen, denn Lautsprecher sind heute seltener in Gebrauch. Heute gibt es Fernsehen. Fernsehen stört nicht. Im Fernsehen spricht man manierlich, die Informationen sind interessant, die Programme vielfältig, die Bilder schuldlos. Die größte und am liebsten geglaubte Lüge aber ist die von der Möglichkeit, sich der Macht des Fernsehens per Knopfdruck zu entziehen.

Ein parkähnliches Gelände am Stadtrand, wo man zwischen Bäumen und Rabatten, Gedenksteinen, Springbrunnen und einschüchternden Monumentalskulpturen spazierengehen kann. Trotz des Dunstes ist in der Ferne die Pagode von Longhua mit ihren sieben geschwungenen Dächern sichtbar. In der Mitte befindet sich das Museum, eine von terrassenförmig ansteigenden Steinwürfeln eingefaßte gläserne Pyramide, an die Louvre-Pyramide in Paris erinnernd. Breite Treppen führen zu ihr empor. Unter aufgespannten Sonnenschirmen kontrollieren uniformierte Wächter die Eintrittskarten. Im Innern wird der spiegelnde Marmor, das Glas der Schaukästen von blaugekleideten Putzfrauen mit Staubtüchern und Wischlappen ständig gewienert. Von der Decke hängen rote geraffte Behänge. Auf Ölgemälden führen breitschultrige Helden mit Pistolen und roten Fahnen ihre zum Opfertod bereiten Genossen zum ewigen Triumph. Im ersten Stock hat man jenes unscheinbare Zimmer nachgebaut, wo im Juli 1921 in Shanghai die Kommunistische Partei gegründet wurde. Die Helden der ersten Stunde saßen auf einfachen Hockern, tranken Tee und rauchten. Diese einfachen Hocker, diese Teetassen, diese Aschenbecher sind zweifellos heilige Dinge. Von den sonntäglichen Ausflüglern werden sie andächtig bestaunt. An den Wänden hängen, durch die Vergrößerung unscharf geworden, die glühend ernsten Gesichter junger Männer und Frauen, hinter Glas sieht man die Titelseiten der von ihnen gegründeten Zeitschriften, man sieht Briefe, die sie aus dem Gefängnis an ihre Mütter schrieben, Fotos, die sie im Kreis der Kommilitonen in Frankreich zeigen. In den Vitrinen darunter liegen Gegenstände, die ihnen gehörten: »Wollschal, von Zhang Xihuan getragen«, »Petroleumkocher, von Lin Yunan benutzt«, »Ledertasche, von Li Hanjun benutzt«, »Yang Xingfus Tagebuch«, »Zhang Yuans Adreßbuch« usw. Es sind Reliquien, von höheren Wesen auf der Erde zurückgelassen, die von uns Sterblichen die gebührende Verehrung verlangen.

Am Ausgang liegt das Besucherbuch. »Das Klo zu finden ist wirklich schwer«, lesen wir. Auf einer anderen Seite: »Wir schlagen Ihnen vor, ein paar kleine Geschäfte einzurichten, zur besseren Versorgung der Reisenden.« Darunter: »Die Kämpfer sind immer in unserer Erinnerung.«

Nach dem Museumsrundgang gelangt man zum ewigen Feuer mit dem Grabmal des unbekannten Märtyrers. Pomp und Kitsch. Dann führt der Weg durch einen unterirdischen Gang an das nördliche Ende der Gedenkstätte zu einem einst berüchtigten Gefängnis der Guomindang, wo im April 1927 Hunderte von aufständischen Shanghaiern gefangengehalten und hingerichtet wurden. Es war der Beginn des Bürgerkriegs, der im ganzen Land Hunderttausende von Opfern fordern sollte. Da die Ausflügler nach dem langen Weg schon etwas fußlahm sind, wird das Gefängnis im Schnelldurchgang absolviert. Frauenzellen, Männerzellen, manche leer, andere mit engen Stockbetten und schmutzverkrustetem Eimer in der

Ecke, winzige Fenster hoch oben unter der Decke, Stachel-
draht, Vernehmungsräume, Folterkammern mit dunklen,
abgetretenen Dielenbrettern. Eine Inschrift weist darauf
hin, daß man nach Öffnung des Gefängnisses von den
Revolutionären verfaßte und in die Wände geritzte Ge-
dichte fand. Weiter geht es zum Exekutionsplatz. Goldene
Schriftzeichen auf Marmortafeln, Zahlen der Erschosse-
nen, Verstümmelten, Vermißten. Wehendes Haar grim-
miger Helden im Halbrelief, gereckte Fäuste aus Stein.
Am Rand des Springbrunnens endlich Gelegenheit zum
Ausruhen. Die Sonne sticht. Unter dem Dach eines weißen Betonpavillons sucht man Schatten. Wasserflaschen
und Erfrischungen kommen zum Vorschein. Schlafenden
Babys wird Luft zugefächelt. Man knipst einander. Lärm,
Gelächter, Geschnatter. Vor der kahlen Wand am Exekutionsplatz spielen drei dicke Kinder Blindekuh.

Hier das Gemüse, grüne Tomaten, hellrote, dunkelrote, zu Pyramiden aufgetürmt, und Rettiche, kleine runde und große ovale, lila und weiße und lila-weiße ... ein großer Haufen dünner, grellrot leuchtender Auberginen ... Kartoffeln, Morcheln, Erbsenberge ... grün-rote Blätter, was ist das? ... und das, zartgrün und weiß, wie Sellerie ... und das, und das ... die schmutzigen, rotbäckigen Kinder der Gemüsefrauen jagen ein mageres Kätzchen mit Glöckchen um den Hals ... hier das Obst, daneben der Abfall ... eine alte Frau stochert darin herum, steckt dies und das in die Tasche ... klingelnde Fahrräder, der Kopf eines halbtoten Huhns baumelnd auf dem Gepäckträger ... und hier die Fische, zahllose Arten in Plastikwannen mit plätschernden Wasserschläuchen ... grünschwarz gescheckt, mit Bart, wie Drachen ... lang und träge, mit spitzem Maul ... flach, braun, monströs ... klein, rund, regenbogenschillernd ... und das, und das ... die Fischhändler in hohen Gummistiefeln ... rote Hände ... sie schlagen die Fische ein paarmal nachlässig auf den Boden, dann schneiden sie die zuckenden Leiber mit der Schere auf ... silberne Schuppen schwimmen auf dem Blut, dem klebrigen Gedärm ... blutige Köpfe, die Mäuler schnappen nach Luft ... die Zähne, die Augen, tiefschwarz und glasig ... lange Reihen ausgeweideter, mit Hölzchen aufgespreizter Trockenfische ... rosa Adern im farblosen Fleisch der Tintenfische ... und Krebse, Garnelen, Schildkröten, Schlangen ... quakende Frösche, sie springen gegen das Netz, klettern übereinander, gleiten aus und springen und fallen zurück ... gelbe Streifen auf moosgrüner Warzenhaut ... und das ... hupend bahnt sich ein Motorrad seinen Weg, *wei, wei!* ... kleine Aale werden aus dem Wasser geholt, lebendig an einen Nagel auf ein Brett gespießt und ent-häutet ... Blut, Blut gurgelt im Gulli ... Uiguren mit bun-ten Käppis halten gelbe fette Rosinen feil ... und hier der Tofu, ein Stand und noch einer ... und Hühner, Enten, Tauben, Wachteln, piepsend, gurrend, schnatternd in schmutzigen Käfigen übereinandergestapelt ... da hängt ein Vogel, der sich zwischen den Gitterstäben selbst stran-guliert hat ... alte Männer schneiden den Vögeln mit der Schere die Hälse durch, rupfen sie mit beiden Händen, die Federn stieben durch die Luft ... und Eier, blaue Enteneier und Eier in erdigem Pelz ... und Ingwer und Chili und Zimt ... Geschrei ... der Händler nimmt die Waage, Zi-garette im Mund, die Frau keift auf ihn ein ... und Algen und Quallen und Glibberfrüchte, in Fässern einge-legt ... ist das Seegurke? ... und das, und das ... Frauen stricken ... eine bricht große Muscheln auf und holt mit einem Schnitt das weiche Innere heraus ... Kinder in Laufställen, alten Körben ohne Boden, an Orangen lut-schend ... Schweinsköpfe, Schweinsfüße, Kutteln ... eine braune Rinderzunge in einer Schüssel mit Brühe ... ein Berg von Herzen und Nieren, ein Schwarm Fliegen ... ein schielender Mann wetzt sein Messer ... eine alte Frau mit einem Bottich, auf einem Puppenwagen montiert, ver-kauft Tee-Eier ... an der eisernen Standwaage werden Reissäcke gewogen ... und hier die Säcke mit Trockenobst, und schwarzer Sesam ... und Bohnen und Bambus und Lotus ... und das ... wo ist das gewachsen, wie schmeckt das? ... und das ... ein Korb voll duftendem Korianderkraut ... Hühnerfüße mit langen Nägeln wie Leichenhände ... und das, und das ...

Es ist noch nicht lange her, daß freie Märkte wieder erlaubt sind in China. Zu Beginn der fünfziger Jahre wurde
der überregionale Handel im Zuge der Fünf-Anti-Kam-
pagne als kriminelle Spekulation und damit besonders
schlimme Form kapitalistischer Ausbeutung bezeichnet
und vom Staat übernommen. Not und Mangel, das Warten in der Schlange im Morgengrauen, um ein paar frische
Lebensmittel zu erstehen, haben die Städter längst noch
nicht vergessen.

Märkte sind Bilder des Überflusses.

Die Freude an der Öffnung, an der Möglichkeit, auf
eigene Faust Geschäfte zu machen, die Lust, frische und
neue Sachen zu arrangieren, zu betrachten und auszupro-
bieren, ist heute überall spürbar. Märkte sind Augen- und
Ohrenweiden. Kein Wohngebiet kommt ohne Markt aus.
Außer Lebensmittelmärkten gibt es Kleidermärkte, Blu-
men- und Vogelmärkte, Teemärkte, Märkte für Schuhe,
Stoffe, Werkzeug und Schnürsenkel. Wer tagsüber nicht
das Rechte gefunden hat, versucht sein Glück auf einem
der Nachtmärkte, wo es unaufhörlich dudelt und plärrt
und klimpert und krakeelt, weil Musikinstrumente, Fernseher, Radios, Wecker den stets skeptischen und über-
kritischen Kunden zeigen müssen, was in ihnen steckt.

Märkte sind keine Supermärkte, keine bloßen Waren-
umschlagplätze. Das Handeln, das den Tausch begleitet,
ist mehr als das Fixieren von Preisen. Man betrachte die

Metamorphose braver Hausfrauen und Mütter beim täglichen Einkauf – wie sie mit wilder Gier nach allem greifen und grapschen, was vor ihnen ausgebreitet ist, alles betasten, beschnüffeln und in der Hand herumdrücken, um wegen eines winzigen braunen Flecks, einer kaum sichtbaren Delle den wackeren Landmann höhnisch und giftig zu beschimpfen – wie letzterer kleinlaut sein Angebot nach noch saftigeren, noch makelloseren Produkten durchwühlt – wie sich jene Hausfrauen und Mütter nun ins Zeug legen mit Jammern und Schmeicheln, Zanken und Keifen und der Händler mithält und nach minutenlangem schrillem Gefeilsche hin und her mißmutig nach der Waage greift und zähneknirschend das Wechselgeld herausgibt – diese Käufer sind keine bloßen Verbraucher, diese Verkäufer keine Businessmen; hinter den Masken der Warenhüter und Geldbesitzer kommen die Leute mit ihren Bedürfnissen zum Vorschein, hinter dem Austausch von Gegenständen hitzige Beziehungen, Herausforderungen, Demütigungen, Kämpfe und Arrangements.

Märkte sind Orte, wo man sich trifft und vergleicht. Wer auf den Markt geht, genießt auch das, was er als einzelner sich nicht leisten kann. Begehrliche Blicke versichern sich des Überflusses, der neben der Knappheit des privaten Daseins anschaulich und greifbar vorhanden ist, eines Überflusses, der sich in der noch so großen Zahl käuflicher Dinge nicht erschöpfen kann und mehr ist als alles, was es zu kaufen gibt.

Wenn es Abend wird, die Käufer und Gaffer sich verlaufen und die Händler die übriggebliebenen Waren verstaut, die Einnahmen gezählt haben, kehrt Ruhe ein auf dem Markt. Man setzt sich zum Essen. Man wäscht sich an demselben Wasserhahn auf der Straße, wo man eben noch die Fische für die Kunden säuberte. Viele Marktleute schlafen hier, in winzigen Hinterstübchen, in denen auch die Waren lagern, auf dünnen Matratzen, hinter Plastikplanen und Bretterwänden. Einsam und elend zeigt sich der Markt, wenn der Glanz des Begehrens ihn nicht mehr erleuchtet, und die Illusion des Überflusses ist ebenso schnell verflogen, wie der Duft der frischen Früchte in den fauligen Modergeruch übergegangen ist, der über diesen Bruchbuden hängt.

Es gibt keinen objektiven, übernationalen Standpunkt, wenn es um die Barbarei geht, zu der eine Gesellschaft sich fähig gezeigt hat. Die Negation der eigenen Kultur, das Innewerden der eigenen Destruktivität ist schlimmer als das Wissen um die Grausamkeit anderer. Das Entsetzen über die Greuel der eigenen Geschichte, die eigenen Landsleute, sich selbst, ist tiefer als der heilige Zorn über die Verbrechen der anderen. Doch vielleicht beginnt mit diesem Entsetzen das notwendige Sich-Auseinandersetzen, in dessen Verlauf man zu dem, was naturhaft über einen gekommen ist, Distanz gewinnt und Freiheit, die Zukunft in die Hand zu nehmen.

Lu Xuns *Tagebuch eines Verrückten* beschreibt dieses Entsetzen. Ein Mensch wird sich allmählich der Barbarei bewußt, die für seine Landsleute alltägliche Wirklichkeit ist. Seine Nachbarn und Freunde, die Mitglieder seiner Familie sind Menschenfresser, und sie haben es auf ihn abgesehen. Ist Schlimmeres denkbar? Der Verzweifelte hält den Barbaren eine flammende Rede: »Ändert euch sofort, ändert euch von Grund auf! Ihr müßt wissen, die Zukunft wird für Menschenfresser keinen Platz mehr haben ...« Noch glaubt er an seine eigene Unschuld, noch kennt er nicht die ganze Geschichte. Erst am Ende wird er des Schlimmsten gewahr: daß auch er vom Fleisch seiner Schwester gegessen hat, daß er selbst zu den Menschenfressern gehört.

Lu Xun schrieb diese Erzählung 1918. Sie erschien in der berühmten Zeitschrift *Neue Jugend* und war der erste erzählende Text der chinesischen Literatur, der in der Volkssprache abgefaßt war. Die Zeitgenossen verstanden sie als Anklage gegen den seit Jahrhunderten das Land auszehrenden erstarrten Konfuzianismus. Aber sie ist mehr als das. Denn jede Generation hat mit ihren eigenen Menschenfressern zu tun, und immer ist die Menschenfresserei ein Phänomen, das nicht nur die anderen betrifft. Vielleicht steht die Kraft dieses Textes, sein aus tiefster Bitternis, aus wahrem Entsetzen entspringender Humor mit der Kraft der damaligen Bewegung zur Erneuerung und Verbesserung der Gesellschaft in Zusammenhang. Und umgekehrt könnte man mutmaßen, daß die verharmlosenden Interpretationen, die der Erzählung in neueren Ausgaben beigepackt sind, mit der Schwäche der heutigen Bewegung zur Erneuerung und Verbesserung der Gesellschaft in Zusammenhang stehen.

Heute spricht niemand von Menschenfressern. Viel ist von Fehlern die Rede, von Verirrung und Verblendung. Aber niemand äußert Entsetzen. Daraus kann geschlossen werden, daß die Auseinandersetzung mit der Barbarei, zu der diese Gesellschaft sich fähig gezeigt hat, noch nicht begonnen hat.

Im Herbst verschenkt man den Mond in Form von kleinen, kreisrunden Kuchen mit üppiger Füllung verschiedener Art. Wochen vor dem Fest gibt es sie schon überall
zu kaufen. Es gibt Mondkuchenreklameplakate in den
Schaufenstern, Mondkuchenreklamespots im Fernsehen,
Mondkuchenreklameparaden mit trommelnden Mädchen
in Phantasieuniformen auf den großen Geschäftsstraßen.
Vor dem Laden des berühmtesten Mondkuchenherstellers
der Stadt bilden sich endlose, von Ordnern in Schach gehaltene Schlangen. Am Eingang ein lärmendes, schwit-
zendes Gewoge, ab und zu Handgreiflichkeiten. Autos
hupen, Kinder spielen zwischen den Beinen der Wartenden, Fahrräder und Lastkarren schieben sich durch den
Menschenauflauf, Zeitungsverkäufer rufen, auf und ab de-
filierend, ihre Zeitungen aus. Jeden Tag wiederholt sich
das, von früh bis spät, bis zum Mondfest.

Am Mondfest soll sich die Familie versammeln und den
Mond anschauen, heißt es. In Wahrheit ist es der Mond,
der, erschreckend dünn und kalt und blaß vor Neid, her-
abblickt auf die lärmende und schwitzende, mondkuchen-
bäuchige Erde.

Wenn es dunkel geworden ist, machen ältere Männer und Frauen des Nachbarschaftskomitees, eine Glocke schlagend, ihre tägliche Runde durch die schlechtbeleuchteten Gassen der Wohnsiedlung. Es ist Zeit, sich für die Nacht zu rüsten, die Türen zu schließen, das Gas abzudrehen ... Mit dem Ton der Glocke taucht wie auf einem versenkbaren Podest die Gestalt des Nachtwächters vor mir auf, und mit ihm all die anderen – der Reifenflicker, der Altmetallsammler, der Grillenverkäufer, der Scherenschleifer, der Nachttopfleerer, der Schlüsselmacher, der Entenröster, der Schwammschneider, der Uhrenreparierer, der Abfallsortierer, die Duftblütenverkäuferin, der Baumwolldeckenweber, der Scherenschnittmeister, der Nudelmacher ... Und plötzlich scheinen zwei Zeiten nebeneinander zu existieren, eine, die den globalen Maschinen gehorcht, und eine andere, die von einer anderen, kleineren und näheren Ordnung abstammt und andere Lebensweisheiten, Tätigkeiten, Verhältnisse hervorbringt. Doch schon springt, elektronisch gesteuert, der Zeiger meiner Uhr auf den nächsten Strich; die andere Zeit weicht klaglos der einen, einzigen, die selbstsicher die Weltherrschaft beansprucht; der Nachwächter verschwindet mit seinem ganzen Gefolge in den stockfinsteren Gassen, und der Ton seiner Glocke macht dem Lärm der Fernseher Platz.

Wer modern ist, trinkt Nescafé. Jeder kennt die Leuchtreklame über dem Bund: eine rote Tasse mit schwarzem Inhalt, davon aufsteigend eine ständig sich neu formierende Wolke weiß wabernden Dampfs. Der Werbespot im Fernsehen ist eine Angestelltenromanze im vollcomputerisierten Büro. In Supermärkten bietet man das teure Produkt auch im Geschenkkarton an, auf glänzendem rosa Stoff, zusammen mit Kaffeeweißer, Kaffeebecher und Kaffeelöffel oder mit beliebten Schlagerkassetten. Ob der jungfräuliche Markt, nach westlicher Berührung lechzend, das neue Konsumgut angenommen hat? Das ist die Frage. Mit allen Wassern gewaschen, findet sich das braun gedeckelte Schraubglas auf Werkbänken und Schultischen, neben Fahrersitzen, hinter Postschaltern und überall an den Stätten profanen östlichen Lebens wieder – mit Tee gefüllt.

Bei der Eröffnung der Achten Nationalen Sportmeister-
schaften werden von Tausenden von Gymnastikern in der
Arena des gerade fertiggestellten Shanghai Stadium le-
bende Bilder vorgeführt. Diese (vom Fernsehen übertrage-
nen und fürs Fernsehen eingerichteten) Bilder sind zum
Staunen gemacht, und man kann nicht umhin, sie zu be-
staunen: Zahllose Körper bilden in schnellem und exak-
tem Wechsel Spiralen und geometrische Figuren, Schriftzeichen, wehende Schleier, Blüten, die sich öffnen und
schließen, taumelnde Schmetterlinge mit schlagenden
Flügeln, rollende Meereswellen mit Segeln, Fahnen im
Wind und vieles mehr; am Ende der stundenlangen Darbietung formiert sich ein riesiger goldener Drache, der
sich, während die Zuschauer in frenetischen Jubel ausbre-
chen und ein Feuerwerk gezündet wird, zu den Klängen
der Nationalhymne phantastisch hin und her bewegt.
Was aber ist hier eigentlich staunenswert? Die Choreogra-
phie, Massentraining und Massenorganisation? Die Diszi-
plin, mit der all diese Menschen an ihrem Platz die vorgeschriebenen Bewegungen zur vorgeschriebenen Zeit
vollführen? Die gigantische Harmlosigkeit ihrer Hervorbringungen? Das Spektakel selbst als Bild einer Ordnung,
die darauf beruht, daß jeder an seinem Platz bleibt und an
seinem Platz das Rechte tut? Diese Ordnung, vom Sohn
des Himmels eingesetzt und legitimiert, war so lange aufrechtzuerhalten, wie gewährleistet schien, daß jeder einen

Platz und an seinem Platz das ihm Zustehende erhielt. Sie war also eine Mystifikation, und man glaubt sich zu erinnern, daß sie als solche vor nicht allzu langer Zeit außer Kraft gesetzt wurde. Sie hier wiederzufinden, unter dem dünnlippigen Lächeln Jiang Zemins auf der Ehrentribüne, das ist es, worüber man eigentlich staunen sollte.

Ein Samstag im November. Ein Mensch, aus dem Westen kommend und als ausländischer Experte in Shanghai tätig, wird durch das laute Rotzhochziehen und Ausspukken seines linken Nachbarn, der sich anschickt, unter der Platane seine Morgengymnastik zu machen, wieder einmal viel zu früh aus seinem wohlverdienten Morgenschlaf gerissen. Dann hängen sie im zweiten Stock Wäsche auf. Jedesmal, wenn sie die Balkontür öffnen, fällt das eiserne Fliegengitter mit lautem Scheppern hinter ihnen ins Schloß. Sind diese Chinesen denn alle taub? Ist er der einzige, dem das ständige Rotzhochziehen und Ausspucken und das Scheppern des Fliegengitters auf die Nerven geht? Überhaupt, diese Fliegengitter! denkt der ausländische Experte mit innerlichem Hohnlachen. Warum ist noch keiner von diesen Chinesen auf die Idee gekommen, diese völlig nutzlosen durchlöcherten Fliegengitter abzumontieren? Warum sind diese Chinesen nicht in der Lage, überhaupt irgend etwas zu machen, was Hand und Fuß hat? Warum bringen diese Chinesen immer nur Pfusch hervor?

Mit dieser unheilvollen Gedankenkette beginnt ein düsterer Tag. Der ausländische Experte steht auf und begibt sich ins Bad. Mit einem Faustschlag auf den Lichtschalter bringt er die Lampe zeitweilig zum Brennen. Nun will er sich rasieren. Die Steckdose ist seit Tagen wacklig. Sie bricht aus der Wand, sobald er den Stecker seines Rasierapparates einstecken will. Die Schrauben, die schon zu oft ohne Dübel in die Wand gedreht wurden, haben zwei riesige Löcher und jede Menge bröckelnden Mörtel hinterlassen. Der ausländische Experte gibt das Rasieren auf und steigt in die Badewanne. Er dreht den linken Wasserhahn auf. Ein Strahl kochendheißen Wassers schießt aus dem Brausekopf. Dem rechten Hahn hingegen ist trotz endlosen Kurbelns in beide Richtungen kein Tropfen kalten Wassers zu entlocken. Der ausländische Experte ist gezwungen, über dem Waschbecken Katzenwäsche zu machen. Der Kitt in der Fuge zwischen Waschbecken und Wand ist schwarz und stinkt. Danach will sich der ausländische Experte mit Wattestäbchen die Ohren putzen. Die Watte bleibt in seinem Ohr stecken. Er muß sie mit Hilfe eines Bleistifts und eines Korkenziehers wieder herauspulen. Während dieser Prozedur vermeidet der ausländische Experte den Blick auf den Fußboden. Jeden Tag kommen zwei Frauen, die die Aufgabe haben, hier sauberzumachen. Ihr Besen besteht aus einem Stecken, an dem ein paar schmutzige Stoffstreifen befestigt sind. Mit diesem Gerät verschmieren sie den Schmutz auf dem Boden und fügen ihm einige ihrer Haare hinzu, die er nachher mit einem Stück Klopapier aufklaubt.

Heute ist es kalt. Die Fenster sind schlecht eingesetzt, es zieht durch alle Ritzen. Der ausländische Experte flieht ins Wohnzimmer. Dort gibt es Air-condition. Er stellt den Schalter auf Off, woraufhin es in den Röhren hinter der Deckenverkleidung im Flur zu ächzen und zu quietschen beginnt. Er solle froh sein, daß es nur die Röhren seien, die dort rumorten, bekam er schon oft von erfahreneren Kollegen zu hören, früher seien es die Ratten gewesen. Der ausländische Experte ist seinem Schicksal ehrlich dankbar, daß es ihn damals nicht hierher verschlagen hat. Damals gab es auch noch keinen Kaffee. Der ausländische Experte aber kann ohne Kaffee nicht leben. Er geht in die Küche, um Kaffee zu kochen. Der Wasserkanister leckt. Der Wasserkessel ist rostig. Über die Wand mit dem granatapfelförmigen feuchten Fleck zieht eine Abordnung Ameisen in langer Prozession zum Schrank und wieder zurück. Mit großem Behagen zerdrückt der ausländische Experte jede einzelne Ameise, bis das Waschbecken schwarz gefleckt ist von Ameisenleichen. Dann legt er eine Kassette in den Recorder und drückt die Start-Taste, weil er sich bei ein wenig Musik erholen will. Die Kassette bewegt sich nicht. Wie immer hilft ein Faustschlag. Die Kassette bewegt sich, aber zu hören ist nichts, und aus dem geöffneten Kassettenfach quillt Bandsalat. Unnötig hinzuzufügen, daß der Recorder chinesischer Herkunft ist. Nun gut, denkt der ausländische Experte, dann eben Fernsehen. Er schaltet den Fernseher ein. Über den Bildschirm zucken rote Blitze. Er dreht an den Knöpfen, rüttelt an der Steckdose, umsonst. Der ausländische Experte nimmt nun zähneknirschend ein Buch zur Hand. Beim Aufschlagen des Buches reißt mit hörbarem Knacken die Bindung. Nun hat der ausländische Experte keine Lust mehr, sich zu erholen. Er will etwas Nützliches tun. Wäsche waschen. Nachdem er die Wäsche in die Trommel der Waschmaschine gelegt und den Deckel geschlossen hat, dreht er den Wasserhahn auf, und das Wasser strömt durch den Schlauch. Plötzlich löst sich der Schlauch vom

Hahn und spritzt einen breiten Wasserstrahl an die Decke. Der ausländische Experte springt herzu und dreht, durch Wasser watend, den Hahn wieder zu. Er bemerkt, daß der Schlauch viel zu breit ist für das enge Gewinde des Hahns. Er ruft beim Service an, sie schicken einen Mechaniker.

Der Mechaniker ist klein und mager und trägt blaue Ärmelschoner. Er hat einen geheimnisvollen Stoffbeutel dabei. Nachdem er eine Weile an dem Schlauch herumprobiert hat, leert er den Stoffbeutel aus. Einige Zangen, viele rostige Nägel und zwei Eßstäbchen aus Bambus kommen zum Vorschein. Der Mechaniker entnimmt dem Beutel einen Wollfaden, mit dem er das Gewinde des Wasserhahns umwickelt. Dann schiebt er den Schlauch darauf und dreht mit triumphierendem Blick zum stumm dastehenden ausländischen Experten den Hahn auf. Als es nach einer Minute wieder zu tröpfeln beginnt, nimmt der Mechaniker das Badelaken des ausländischen Experten von der Stange und legt es unter den nassen Hahn auf den nassen Boden. Dann sammelt er seine Sachen ein und verabschiedet sich mit höflichem Gruß. Der ausländische Experte ist am Ende seiner Kraft. Er denkt an gestern, an vorgestern, an die letzten Wochen und die letzten Monate. Er denkt an den nichtfunktionierenden Computer, die nichtfunktionierende Sekretärin. Er denkt an Elfi, die immer um seine seelische Gesundheit besorgt ist. Er beschließt, einen Spaziergang zu machen. Frische Luft entspannt den Geist.

Draußen regnet es. Er macht den Schirm auf und hat den Knauf in der einen, den Stock in der anderen Hand.

Der Bürgersteig ist auf solche Weise gepflastert, daß überall tiefe Pfützen stehen. So ist der ausländische Experte binnen kurzem von Kopf bis Fuß durchnäßt. Die Oberteile seiner Schuhe lösen sich von den Sohlen. (Die Schuhe sind chinesischen Fabrikats.) Die Jacke gibt ihre schwarze Farbe zuerst an das Futter, dann an die darunterliegenden Kleidungsstücke ab. (Die Jacke ist ebenfalls chinesischen Fabrikats.) Der ausländische Experte geht in den nächsten Supermarkt und kauft Bier.

Zu Hause zieht er die Vorhänge zu und trinkt eine Flasche nach der anderen. Nach drei Flaschen kann sein Magen nichts mehr aufnehmen, aber er ist immer noch stocknüchtern. Nicht einmal richtiges Bier können sie herstellen. Unten beginnt das Fliegengitter wieder zu scheppern. Jetzt wird gekeift, geschimpft – jetzt knallt die Wohnungstür – jetzt steigt der Duft von Sojasauce und Ingwer und Fisch in seine ausgehungerte Nase – und dann beschließt er, sich das alles nicht länger gefallen zu lassen. Nein, so läßt sich ein ausländischer Experte nicht behandeln! Schließlich waren *sie* es, die ihn gerufen haben! Und er hatte *wirklich* vor, hier nach dem Rechten zu sehen, ihnen beizubringen, wie man richtig arbeitet und wirtschaftet und alles besser macht!

Im Sturmschritt eilt er hinunter und hämmert gegen die Tür. Ein Mädchen in knapp sitzendem pastellfarbenem Kostüm öffnet lächelnd. »I am an expert!« schreit er. »I want to rest!« Das Mädchen schüttelt lächelnd den Kopf. Im Zimmer sitzen ungefähr zehn Leute wie aus dem Ei gepellt um einen runden Tisch und schaufeln mit rundem Rücken Essen in sich hinein. Eine ältere Frau steht auf und bietet ihm den Plastikbadehocker an, auf dem sie saß. »I am an expert«, beginnt er von neuem. »I want – rest – work – no eat –« Zehn schwarze Augenpaare starren ihn an. Dann scheinen sie zu verstehen. Gelächter ertönt. Alles redet und schreit durcheinander. Man schiebt ihm Schalen mit Essen hin, man legt ihm Leckerbissen auf den Teller. Etwas wie Scham steigt in dem ausländischen Experten auf. Und plump und unrasiert, nach Bier stinkend und verbiestert, wie er ist, fragt er sich: Wozu bin ich hergekommen? Was mache ich eigentlich hier?

Für den Schluß der Geschichte gibt es zwei Alternativen: Entweder der ausländische Experte begibt sich, voll von Haß und Ekel und Weltüberdruß, schnurstracks wieder nach oben in seine Wohnung, wo ihn beim Versuch, eine Steckdose zu reparieren, der Schlag trifft. Oder er nimmt die Einladung an, unterhält die Gesellschaft mit ein paar Brocken seines überaus miserablen Chinesischs, verliebt sich in das Mädchen mit dem aprikosenfarbenen Kostüm, schlägt sich den Bauch voll und sinkt nach dem unvermeidlichen Wettbewerb im Schnapsglasleeren unter den Tisch, wo er zum weiteren Vergnügen aller Anwesenden sofort zu schnarchen beginnt, daß die Wände wackeln.

Ein Samstag im Februar. Der ausländische Experte wird durch lautes Rotzhochziehen, Schnauben und Spucken des Nachbarn wieder einmal viel zu früh aus seinem wohlverdienten Morgenschlaf gerissen. Er hat einen Traum gehabt. Mein Haus, denkt der ausländische Experte hinter geschlossenen Lidern und geschlossenen Vorhängen, innen mit Plastik beschichtet, damit kein Licht durchkommt, mein Haus ist kein Pfusch, mit meinem Haus passiert nichts. Unter ihm hängen sie Wäsche auf, wenn sie die Balkontür aufmachen, fällt das eiserne Fliegengitter mit lautem Scheppern hinter ihnen ins Schloß. Von der Fassade seines Hauses, des Hauses in der neugebauten Wohnanlage Am Erlenbach am Rand einer Stadt in Deutschland, in einem der südlichen Vororte, wo man die Autobahn nicht hört, weder die Autobahn noch sonstwas, wie ihm versichert wurde, es ist totenstill totenstill, von der Fassade seines Hauses platzen plötzlich Brocken von Putz und halbe Ziegel ab, nicht von meinem Haus, denkt der ausländische Experte, nein, das ist hier gewesen, als es nach einer Woche Dauerregen auf einmal heiß und trokken wurde, die Kacheln platzten von den Fassaden der neugebauten Häuser ab wie die Kokosraspeln von dem Pudding, den Elfi gemacht hat, der ganze Tisch voller Kokosraspeln und Elfi auf meinem Schoß, weil die Kacheln stümperhaft verlegt worden sind, denkt der ausländische Experte, noch halb im Morgenschlaf, wie hier überhaupt alles völlig stümperhaft und dilettantisch gebaut wird, in Deutschland passiert so was nicht, und wenn doch, dann nimmt man sich einen Anwalt und kriegt sein Geld zurück, hör auf mit dem Gejammer, Elfi, weil es in Deutschland unabhängige Gerichte gibt, weil in Deutschland klare und geordnete Verhältnisse herrschen, man weiß, woran man ist –

Er macht sich einen Kaffee, er nimmt sich den Karton mit den Papieren vor, er hat Lust, heute seine Papiere zu ordnen, Kontoauszüge, Zinsbescheide, Kostenvoranschläge, Auftragserteilungen, die Mitteilungen der Immobilienfirma, der er die Überwachung der Mieteingänge und die Ausstattung seiner eigenen Wohnung im dritten, obersten Stock des Hauses Am Erlenbach übertragen hat, das Ordnen seiner Papiere beschwingt ihn und heitert ihn auf, er holt Klebestreifen und Schere, er klebt Zeichnungen und Musterblätter und einzelne Seiten der Möbelprospekte, die sie ihm zur Auswahl der Möbel geschickt haben, an die Flurtür, so daß ihm sein Eigentum immer vor Augen ist, das Bett Eiche massiv, die Polstergarnitur schwarzes Vollrindleder, die Küchenzeile Arbeitsfläche Carraramarmor, die gußeiserne Garderobe, keine Massenware aus der Fabrik, sondern etwas Besonderes, etwas Ausgefallenes, wie ihm versichert wurde, die Arbeit eines Kunstschmieds aus Portugal, so was hält ewig, das ist kein Pfusch, eigentlich ist das unbezahlbar, Ihre Familie wird es Ihnen danken, aber ich habe keine, denkt der ausländische Experte, höchstens Elfi, so was hält ewig, Elfi mit ihrem Gejammer, was jammert sie, sie hat doch alles, mit Haken, die nicht wie Haken aussehen, sondern wie Efeuranken und Tulpen mit gebogenen Stengeln, und hier und da sind Augen aufgemalt, die wie Mädchenaugen aus einem Dornröschengebüsch lugen, diese Augen haben ihm von Anfang an gefallen, Märchenaugen, Rehaugen –

Während er in seinen Kontoauszügen schwelgt, seinen aufgehäuften Schätzen, unserer sauer erarbeiteten Kohle, sagt Manne, in der Bar des Portman mittwochs nach dem Fitneß, Manne mit seinem Golfurlaub, Ulf mit seinen Goldkettchen, denkt der ausländische Experte, sie denken nicht an später, kaufen sich Golfschläger Golfhotels Urlaub in Thailand Uhren für eine halbe Million, statt was Solides aufzubauen, kein Pfusch, was Solides, Ihre Familie wird es Ihnen danken, während er an sein Haus Am Erlenbach denkt, wo es garantiert ruhig ist, wo garantiert keine Ausländer wohnen, und der Wald in der Nähe, saubere Luft, sauberer Wald, hygienischer deutscher Wald, kein Pfusch, denkt der ausländische Experte, in seinen Kontoauszügen schwelgend, und Rehe, die Sie sonntags von der Dachterrasse aus beobachten können, Sie haben doch einen Feldstecher, während er daran denkt, meldet sich sein Darm, er geht ins Bad, es ist kalt im Bad –

Der Heizlüfter hat letzte Woche den Geist aufgegeben, der Heizlüfter steht kalt im Bad, und auf dem Heizlüfter steht die Klopapierrolle, die die Putzfrau gebracht hat, rote, geschwollene Hände, man kann sie nicht anfassen, denkt der ausländische Experte, auf dem kalten Klo sitzend, sie tragen ja nicht mal Handschuhe, sie wischen die Zahnputzgläser mit demselben Tuch aus, mit dem sie das Klo putzen, wenn ich daheim bin, gehe ich zuerst in den Drogeriemarkt, denkt der ausländische Experte beim

Scheißen, und kaufe anständiges Klopapier, hygienisches Klopapier, sie wissen es nicht zu schätzen in Deutschland, daß sie unter zwanzig Sorten Klopapier wählen können, daß sie die Freiheit haben, unter zwanzig Sorten Klopapier zu wählen, diese Sachen gehen einem erst hier auf, wo man sich mit diesem ewig gleichen kommunistischen Klopapier begnügen muß. Er macht das Papier ab, das die Klopapierrolle umschließt, dünnes, grün und rot bedrucktes Papier, er liest, was unter den chinesischen Schriftzeichen in lateinischen Buchstaben steht.

SHANGHAI
XUEHUAZHIPINGCHANG,

daneben eine Lilie, eine Lilie, das ist grotesk, denkt der ausländische Experte, während er das Klopapier in Dienst nimmt, eine Lilie, das beweist, daß sie lügen, die lügen wie sie beten, sagt Ulf in der Bar des Portman mittwochs nach dem Fitneß, denen ist nichts heilig, denkt der ausländische Experte, während er die Spülung in Gang setzt, das Badfenster öffnet, bemerkt, daß es ein schöner Tag ist, schöne Tage sind für zu Hause, nicht für hier –

Weil es sonst nichts zu tun gibt, liest er die Briefe, die er in den letzten zwei Wochen bekommen hat, die verspätete Geburtstagskarte mit dem auf einer schief stehenden Schornsteinfegerleiter balancierenden rosa Schwein mit einer Art Kellnerinnenschürze um den Bauch und einer monströsen Schleife zwischen den Hängeohren und der Aufschrift: »Immer oben bleiben!«, und auf der Rückseite alle Unterschriften, der HAL rechts unten in der Ecke und Elfi daneben, ein Herz auf dem i, hör auf damit, denkt der ausländische Experte, ihre Kinderunterschrift betrachtend, hör auf mit dem Gejammer, es gibt nichts zu jammern, du hast doch alles, und dann Elfis Brief, ich heiße nicht Elfi, ich heiße Elfriede, acht Seiten lang ein Herzenserguß, hör auf mit dem Gejammer, denkt der ausländische Experte, während er den Brief in der Hand hält, ohne ihn zu lesen, was habe ich mit deiner Mutter zu tun, heute geht man nicht mehr ins Wasser, heute kann man schwimmen, selbst im allerdreckigsten Kanal kann man noch schwimmen und sich irgendwie ans Ufer retten, wahrscheinlich war sie blau hör auf –

Er wählt die Nummer von Ulf, von Manne, aber keiner meldet sich. Er macht sich Spiegeleier und ißt alten Toast dazu, der nach Schimmel schmeckt. Im Fernsehen gibt es einen Boxkampf, er zieht die Vorhänge zu, die innen mit Plastik beschichtet sind, damit kein Licht durchkommt, und macht sich an den Schnaps, den sie ihm geschenkt haben, chinesischen Schnaps, diese Geizhälse, oder wollen sie mich auf die Probe stellen, denkt der ausländische Experte, während er das erste Glas leert, das ihm die Kehle verbrennt, aber vom Four Roses ist nichts mehr übrig, Angeber, sie bilden sich ein, sie wissen alles, kaufen sich Uhren für zweihunderttausend, fünfhunderttausend, hängen diese Weiber mit Schmuck voll statt an später zu denken, wir machen diesen Job nicht ewig, irgendwann fängt das richtige Leben an dieser ewige Kampf Schnaps, der einem die Kehle verbrennt, und irgendwie geht der Vormittag herum und dann der Nachmittag –

Die Platane ist kahl, sie haben sie beschnitten, sie sieht aus wie ein Galgen, denkt der ausländische Experte, als er, den Aufzug vermeidend, die Treppe geschafft hat, wie kann so ein Galgen je wieder Blätter kriegen, aber an der Hausmauer riecht es nach Seife, nach guter Seife, nach wirklich guter Luxusseife, denkt der ausländische Experte, so was kann's hier nicht geben. An der Hausmauer blüht ein Strauch, er blüht, obwohl er keine Blätter hat und erfroren schien, mit kleinen, weißlichen, traurig herabhängenden Blütentrauben, er hat immer geglaubt, der Strauch sei erfroren, aber jetzt blüht er, blüht mit plötzlich aufgerichteten flaumigen Blütenbüscheln ohne Blätter, zwischen kahlen schwarzen Zweigen im Licht, das aus dem Erdgeschoßfenster fällt wie eine gelbe Schabracke –

Vor dem Malone weckt ihn die Stimme des Fahrers, er schreit irgendwas, schreien, das können sie, denkt der ausländische Experte, nach Münzen kramend, diese Sprache ist nichts als Geschrei Gekeif Gezisch, die Frauen mit den Zigaretten den Wollschals um den Kopf umrunden ihn, er will diese Zigaretten nicht, auch wenn es Marlboro sind, er will sie nicht, die sind bestimmt geschmuggelt oder sonstwas, geschmuggelt gefälscht vergiftet, warum bin ich so erschöpft, denkt der ausländische Experte vor dem Malone, die Frauen mit den Wollschals um den Kopf abwehrend, das Geschrei abwehrend, den Krach aus dem Malone, das ist der Schnaps, gepanschter Schnaps geschmuggelt gefälscht die lügen alle, sagt Ulf, denen ist nichts heilig, aber vom Four Roses war nichts mehr übrig –

Ein Mädchen steht vor dem Eingang, verschränkte Arme, Handschuhe ohne Finger, er mag diese Handschuhe nicht, diese klammen Arme, diese dünnen Dinger, besonders wenn sie nach Mitternacht ins Malone kom-

men, aber es ist noch nicht nach Mitternacht, das Mädchen lacht mit weißen Zähnen roten Backen rot wie das
Herz auf Elfis i, er läßt sich nicht mehr von denen täu-
schen, die lügen wie sie beten, sagt er, wenn er mit Ulf und
Manne in der Bar des Portman sitzt, mittwochs nach dem
Fitneß, mir können die nichts vormachen, denkt er vor
dem Eingang des Malone, Schneeweißchen und Rosenrot,
ich glaube nicht an Märchen, die anderen haben ihre Maß-
stäbe verloren, wir sind zu lange hier wir fangen an, diese
klammen dünnen Dinger schön zu finden schwarzes Haar
wie Bast wie Seide wie Ebenholz geben das Geld aus, statt
es zu Hause in Eigentumswohnungen zu stecken Miete zu
kassieren Monat für Monat die Fensterbriefe der Dresdner
Bank, kaufen irgendwelche Lis und Lans und wissen nicht,
ob sie gesund sind, aber es gibt auch andere –

Im Malone trinkt er Four Roses und sieht einen Boxkampf, den er schon einmal irgendwo gesehen hat, aber er
weiß nicht mehr wo, zwei Schwarze prügeln aufeinander
ein, auf den Oberarm des einen sind zwei blaue Blitze
tätowiert, Schweiß trieft von ihren Gesichtern, Schweiß
trieft von ihren glänzenden Körpern, und unter der Haut
schwellen die Muskeln und bäumen sich auf wie Schlangen –

Die dunkle Straße nimmt ihn gleichgültig auf, warum
bin ich so erschöpft, denkt der ausländische Experte,
nachdem er das Malone verlassen hat, Malone wie alone,
ich bin ein Schwächling, ich vertrage dieses Zeug nicht sie
wollen mich auf die Probe stellen, er will das Mädchen finden, das eben vor der Tür gestanden hat wann war das mit
den weißen Zähnen es gibt auch andere weiß rot schwarz

Schneewittchen Hänsel und Gretel die Hexe mit dem Wollschal um den zahnlosen Kopf vergiftete Zigaretten vergifteter Schnaps Rehe im Wald Sie haben doch einen Feldstecher –

Die dunkle Straße führt ihn irgendwohin, Musikgehämmer, Geschrei, das Rattern der Laster, er hängt in den Seilen, der Trainer flüstert ihm etwas ins Ohr, der Arzt tupft ihm mit Wattestäbchen das Blut von der Braue, ein riesiger schwarzer Schatten wie ferngesteuert, ein Roboter, ich brauche sie, denkt der ausländische Experte, die dunkle Straße entlangtaumelnd, die ist anders kein Witz, denkt er, er wird es ihnen sagen, nächsten Mittwoch nach dem Fitneß, das Grinsen aushalten, Angeber, sie denken, sie wissen alles, fressen sich mit Lebkuchen voll und sehen die Hexe nicht die an den Kochtopf schlägt daß es scheppert –

Über der Tür des Restaurants ist eine Leuchtreklame mit roten und blauen Neonschlangen, die blaue streckt immer wieder den Kopf vor und läßt eine lange rote Zunge herausschnellen, du mußt sie in der Suppe essen, schmeckt wie Karnickel, sagt Manne, man wundert sich immer, was die aushalten die trinken das Blut kein Witz mir hat's den Magen umgedreht, sagt Ulf in der Bar des Portman, denkt der ausländische Experte bei der Betrachtung der Leuchtreklame des Restaurants, die wollen uns auf die Probe stellen die lügen wie sie beten ich sage euch die ist anders, sie hat mir ihre Hände gezeigt vor dem Kino ich heiße nicht Elfi ich heiße Elfriede weiße Fingerspitzen erfrorene Fingerspitzen ohne Blut wärme mich hol die Karten ich warte –

Beim Betreten dieser schmuddeligen und mit schmatzenden Menschen vollgestopften Lokale hat er immer mit einer unbestimmten Furcht, einem unbestimmten Ekel zu kämpfen gehabt, jetzt ist alles anders, es ist niemand mehr da, auf den Tischen stehen Zahnputzgläser mit Servietten drin, an der Wand ein fettbespritzter Kalender mit Goldfischen, eine Nische mit elektrischen Lichtern vor dem Gott des Reichtums, die Schlangen in Glasbehältern an der Wand, wie schön sie sind, denkt der ausländische Experte, sich über die Schlangenbehälter beugend, wie stark, kalt, eiskalt wie Elfis Fingerspitzen, du mußt sie in der Suppe essen ich kann nicht mehr, wir denken wir helfen ihnen, sagt Ulf in der Bar des Portman, wir denken wir sind hier die Kings, wir bauen ihnen die Hochhäuser die U-Bahn die Autos wir legen ihnen die Telefonleitungen, und wenn sie alles aus uns rausgeholt haben, was sie brauchen, dann schmeißen sie die Atombombe und uns ins Arbeitslager die sind nicht wie wir, wir vergessen immer, daß es Kommunisten sind, sagt Ulf, Shanghai ist nicht China, sagt Manne, wer aufmuckt, wird erschossen, sagt Ulf, man darf nicht vergessen, was die hinter sich haben, bei jedem Regierungswechsel Millionen Tote, die haben sich gegenseitig abgeschlachtet Millionen Tote dagegen ist Hitler ein Waisenknabe, als wir geackert haben, Deutschland aufgebaut haben, Deutschland zu dem gemacht haben, was es heute ist, da haben die Studenten hier ihre Lehrer gefressen kein Witz aufgehängt aufgeschlitzt gebraten gefressen irgendwo im Süden nicht weit von hier –

In der Küche sitzen vier Männer in schmutzigen weißen Kochkitteln und Kochmützen um einen Tisch und spielen Karten. Das Mädchen gießt ihnen aus einer roten Thermoskanne mit durchgerostetem Boden Wasser in die Zahnputzgläser mit dunklem Teeblättermatsch. Die Männer grinsen, einer tritt seine Zigarette aus und wirft die Karten hin, er geht zu den Glasbehältern und holt die Schlange heraus, die mit der schwarz-weißen Zeichnung dem schwarzen Kopf dem weißen Fleck an der Seite, er nimmt sie mit zwei Fingern hinterm Kopf, sie baumelt träge in der Luft, kalt und träge, der Mann legt sie auf den Boden wie ein Stück Telefonkabel, tritt mit dem Fuß auf sie, die langen Unterhosen ein Wulst in den Socken, schwarze Handschuhe kein Leder, denkt der ausländische Experte, ich bin ein Schwächling, er nimmt eine Schere und schneidet ihr den Kopf ab. Das Blut sprudelt wie eine Quelle, die Schlange windet sich unter dem Fuß des Mannes dem Plastikschuh des Mannes auf dem mit Melonenkernen Kippen Staubflusen übersäten Beton, das Mädchen hält das Zahnputzglas in der ausgestreckten Hand, das Mädchen hält ihm das rote Blut hin das heiße schäumende Schlangenblut die Quelle der Kraft das Grinsen der Köche, ich bin ein Schwächling, denkt der ausländische Experte, sich an der Schwingtür der Küche festhaltend, verpfuschtes Leben, ich bin ein Waisenknabe, das Blut strömt über ihren glänzenden Körper wie Schweiß, kalter Schweiß, Roboterschweiß, ich bin k. o., aber er hat keine Ahnung, wie er von hier wegkommt, nach Hause, denkt der ausländische Experte, sich mit klammen Fingern an der Schwingtür festklammernd, Wohnzimmer Schlafzimmer Kinderzimmer Dachterrasse ein Paradies für Kinder, wie ihm versichert wurde, aber die lügen ja alle keine Autos totenstill ich warte auf dich weg hier was habe ich mit deiner Mutter zu tun schau dir die Mutter an dann weißt du wie die Tochter mal wird, sagt Manne in der Bar des Portman mittwochs nach dem Fitneß, kann sie nicht schwimmen was jammert sie in Deutschland gibt es unabhängige Gerichte sichere Renditen Fensterbriefe der Wald mit Rehen saubere Rehe hygienische Rehe wenn Sie einen Feldstecher haben weg hier –

Das Klo ist im Hof, er pißt in das stinkende Loch, er kotzt in das stinkende Loch, die Fenster sind kühl, irgendwas fällt um, es scheppert es ist dunkel es ist kalt, weiter, die kennen keine Straßenbeleuchtung ganze Stadtteile total dunkel das ist doch keine Stadt das ist ein Witz ein Witz, denkt der ausländische Experte, während er sich an der Mauer entlangtastet wie ein Schwerkranker, wo ist die Brieftasche, wahrscheinlich haben sie ihm auch noch die Brieftasche geklaut, den Paß nehme ich nie mit ich werde mich hüten den Paß mitzunehmen auch wenn sie im Malone englisch reden das haben die gepaukt you want special service no problem nur die Autobahn ist beleuchtet garantiert keine Autobahn außer bei Ostwind aber Ostwind ist selten das wissen Sie ja ich weiß gar nichts –

Unter der Hochstraße steht ein Laster. Der Laster ist mit Ananas beladen. Am Fuß des Ananasberges liegen irgendwelche Gestalten und rühren sich nicht, sie sehen aus wie Leichen Kanalleichen, er schreit ich schreie ich schreie um Hilfe, denkt der ausländische Experte, während er auf den Laster gezogen wird, weil es auf der Straße zu kalt ist zum Schlafen, aber das ist ja alles völlig egal, das Rattern der Laster über seinem Kopf die Schatten die Ratten wie halten die das aus die sind nicht wie wir Kinder Familie richtiges Leben kein Pfusch –

Das Mädchen bettet seinen Kopf auf irgend etwas Weiches, Ananasduft steigt ihm in die Nase, sie hält ihm etwas an den Mund, er schluckt, seine Kehle brennt, der Schweiß bricht ihm aus und rinnt über sein Gesicht wie Wasser wie Tränen Schneewittchentränen Dornröschentränen, denkt der ausländische Experte, in tiefen Schlaf sinkend auf dem Ananaslaster, gußeiserne Haken aber sie sehen nicht wie Haken aus eigentlich unbezahlbar warum dieser ganze Kampf diese ewige Prügelei Blut strömt von der Braue ins Auge und vom Auge übers Gesicht, das Mädchen tupft es mit Wattestäbchen vorsichtig ab schwarzes Haar wie Ebenholz weiße Haut weiß wie Elfis Fingerspitzen weiß wie Elfis Mutter im Kanal lilienweiß das stinkende Klopapier, wann war das heute morgen oder letzte Woche als die Nachricht kam von Elfis Mutter als wir geackert haben wir bauen ihnen die U-Bahn wir legen ihnen die Telefonleitungen wir machen Deutschland zu dem was es ist –

Das World Center ist leer. Es ist ein Grundstück an der Pudong Dadao, von einem verwitterten Bretterzaun umschlossen, mit einem pompösen Eingangstor an der Seite, wo ein Pförtner Zeitung liest. Mehrere Gruppen von Hochhäusern, strahlend weiß, mit Balkonen und Klimaanlagen, griechischen Säulen und barocken Giebeln auf dem Dach – an einem der Giebel ist zusätzlich eine große runde Uhr –, stehen herum, und zu ihren Füßen stehen ein paar zweigeschossige Häuser vom Typ »Villa« in Reih und Glied, die irgendwie entfernt an Neuengland erinnern, aber eigentlich an gar nichts, und aus langsam grau werdendem Beton und langsam braun werdenden Dächern mit undefinierbarem Belag und spitzen sechs- oder achteckigen Türmchen und Erkern und schmiedeeisernen Geländern und gigantischen Satellitenschüsseln auf dem flachen Teil des Dachs bestehen, und all das ist unbewohnt. Nur die grauen Waben der Bauarbeiterhütten, die aus irgendeinem Grund noch da sind, obwohl alles längst fertiggebaut ist, sehen belebt aus, dort sieht man Leute ein- und ausgehen, vor einer Tür steht ein Fernseher, vor den Fenstern hängt Wäsche. Auf der Straße, die um das Areal herumführt, sieht man riesige Rohre aus Beton, Berge von Ziegeln und Bauschutt, Berge von Abfall. Der Abfall wird von einem jungen Mann mit Mundschutz und einer älteren Frau ohne Mundschutz mit einer rostigen Drahtzange sortiert und auf verschiedene Kübel verteilt.

Es gibt auf dieser Straße keine Autos. Die Jungen aus der Siedlung nebenan haben Platz zum Fußballspielen. Der Pförtner läßt sie gewähren. Nur dürfen sie dem viereckigen, in einem Bett mit Unkraut schräg aufragenden rötlich glänzenden Marmorblock nicht zu nahe kommen, dessen Aufschrift verrät, daß es sich hier um das Weltzentrum handelt.

Die Siedlung nebenan besteht aus niedrigen, aneinanderklebenden, regellos und wie provisorisch aus Zement und Blech zusammengeschusterten Behausungen mit ein paar Gassen dazwischen, wo man sich und die Wäsche wäscht, Gemüse putzt, Zigaretten kauft und zum Friseur geht, wo die Alten im Winter in der Sonne sitzen und die Jungen mit den Händen in den Hosentaschen um ein Motorrad herumstehen, mit der öffentlichen Toilette, wo man den Nachttopf ausleert, und ein paar armseligen Imbißbuden und Läden, und all das ist übervoll mit Menschen.

Vielerorts trifft man auf diesen Widerspruch, aber er zeigt sich in Pudong besonders kraß. Es ist der Widerspruch zwischen Arm und Reich, und es ist der Widerspruch zwischen einer Stadt, die ihr Gesicht von den dort wohnenden Menschen und ihren unterschiedlichen Interessen erhält, und einem Potemkinschen Dorf. Die Erneuerung Pudongs, das vernachlässigtes Randgelände war, Felder, Werften, Fabriken auf der östlichen Seite des Huangpu, ist eines der Lieblingsprojekte des neuen China. Doch das aufgesetzte Neue entbehrt der Wirklichkeit. Das Niedagewesene ist Phantom. Die höchsten Gebäude der Welt gleichen bloßen Tagesresten in einem anhalten-

den Traum, in dem die negierte Wildnis als Wust von au-
thentischer Hoffnung und realer Verzweiflung, als chaotische Ansammlung von Elendsbuden und Baracken allge-
genwärtig ist.

Das Gesichts- und Geschichtslose dieses seltsamen
Ortes wird in einem 1990 erschienenen Roman von Wang
Anyi spürbar (dt. *Zwischen Ufern*). Er spielt in Shanghai.
Ein noch unverputzter und doch schon traurig und ver-
kommen wirkender Neubau in Pudong ist die Kulisse für
eine Szene, in der die Heldin Mi Ni, betrogen und erniedr-
rigt, verstört und gleichzeitig berauscht von Lust, ihre In-
itiation als Prostituierte erfährt.

Inzwischen gibt es nicht mehr so viele Schutthaufen,
verwilderte Straßen und dröhnende Maschinen, wie im
Roman erwähnt. Die Zahl der pompösen Fassaden hat
sich vervielfacht. Es gibt Auffahrten und Empfangshallen,
eine furchterregende Skulptur von springenden Stieren
mit herausquellenden Augen auf einer »Plaza« mit hal-
lend leerer »Shopping Mall«, eine giftgrüne Grünfläche
mit einem Teich in Form des Stadtteils Pudong und mehrere gigantische Opferschalen vor dem World Finance
Tower. Daneben die Baustelle des World Finance Center,
das vierhundertsechzig Meter hoch werden soll. Berauscht
wie Mi Ni feiert Pudong die Macht des Kapitals, wie ein
ausgehaltenes Mädchen hält es trotzig an seinen Illusionen
fest. Aber die schwarzen Schlieren sind unübersehbar, die
blinden Fenster, der beißende Smog, die trüben Massen
eines unheimlichen Nebels, in dem sich die stolze Höhe
der Wolkenkratzer bei hellem Tageslicht entmateriali-
siert.

Wir sind es gewöhnt, daß Putzfrauen ihre Arbeit tun, wenn niemand anderes zugegen ist, öffentliche Gebäude werden nachts oder in den frühen Morgenstunden saubergemacht. Hier scheint es diese Regelung nirgends zu geben. In Behörden, Bahnhöfen, Banken verrichten Putzfrauen bei hellem Tageslicht und vollem Publikumsverkehr ihren Sisyphosdienst. Im Museum bewundert man die ausgestellten Gegenstände, während das Glas der Vitrinen von Putzfrauen gewienert wird. In der Universität wandert man durch Gänge voller Unrat, weil Putzfrauen gerade die Abfalleimer ausgeleert haben, um den Müll zu sortieren. In der Lobby des Hilton-Hotels erquickt man sich am Anblick eleganter Pagen und gutgekleideter Businesspeople und dem üppigen Angebot an westlichen Backwaren und Zeitungen, während Putzfrauen, breite, mit schmutzigen Lappen umwickelte Besen im Zeitlupentempo vor sich her schiebend, für fleckenlosen Glanz des spiegelnden Marmors sorgen. In ihren Kitteln und Ärmelschonern, mit ihren Mops und Feudeln, ihren verbeulten Kehrblechen und zerfledderten Bambuskörben sind sie unübersehbar und dringen doch nur wie am Rand des Gesichtsfelds ins Bewußtsein. Man gewöhnt sich an ihren stummen Dienst wie an die Dienste von Vasen und Sesseln. Man könnte sie für bloße Erscheinungen halten, Gespenster, die an den herausgehobenen Orten gesellschaftlicher Repräsentation gemachte Männer an die

Machtlosen erinnert, Gerettete an die Untergehenden,
Räuber an die Beraubten, die kein Weg je hierherführt.

Der Garten war am Anfang. Später hat man das Kino erfunden. Noch später kamen die kalten, körperlosen Sensationen der elektronischen Apparate, und die große Empfindungskunst des Gartenbaus geriet ins Hintertreffen.

Der älteste Garten Shanghais liegt im Vorort Jiading und wurde 1502 erbaut, zur Zeit der Ming-Dynastie. Besucht man ihn in der kalten Jahreszeit, bei gelegentlichem Nieselregen, so entgeht man dem üblichen Freizeitrummel, der die zum Verständnis des Gartens notwendige empfängliche und konzentrierte Stimmung unmöglich macht, und kann seine Wunder ungestört erfahren wie jene Privilegierten, für die er einst angelegt wurde.

Auf einer nicht sehr ausgedehnten ummauerten Fläche öffnet sich eine Welt. Jeder Schritt auf den gewundenen Pfaden führt zu einer neuen Aussicht, jede Aussicht enthüllt neue Tiefen, jede Wegbiegung neue Raffinessen, andere Perspektiven. Dichter Bambus verbirgt einen Pavillon, dessen Giebel geschnitzte Fledermäuse zieren; Gruppen uralter Kiefern, mehrstämmige Ginkgos säumen einen Höhenweg; Felsen türmen sich auf und bilden einen Miniaturberg; der Hang ist vom berauschenden Duft des gelben Schneeflockbaums umwölkt, am Gegenhang ist der Fels bizarr durchlöchert, der Weg führt durch eine stumme, schwarze Höhle, in der für Augenblicke das Zeitgefühl verlorengeht; doch schon ist man wieder im

Hellen; der weiche Klang einer Bronzeglocke weht über das graue Wasser eines Sees; immergrüne Gewächse, deren gefleckte Blätter an sommerliche Schattenmuster denken lassen, trotzen der Kühle; jäh ragt eine Klippe auf, ein Bach rieselt herab, der sich alsbald mit dem See vereint; kleine Boote liegen unter Trauerweiden zur Spazierfahrt bereit; Fenster, Tore, Wandgitter der um den See gruppierten Pavillons erinnern an Blüten und Monde; man blickt hindurch wie durch Rahmen, die einzelne malerische Gruppen und Effekte bühnenhaft hervortreten lassen; Brücken und Arkaden verbinden verschiedene Pflanzenfamilien, Farbgruppen, Bereiche von Hell und Dunkel und reizen stets aufs neue die Aufmerksamkeit.

Das wellige Auf und Ab von Hügeln und Tälern, das kalkulierte Nebeneinander von Wäldchen und Gewässern, Fels und Haus und Ton und Duft machen aus der engbegrenzten Fläche eine abwechslungsreiche und geräumige Miniaturlandschaft. Bis ins kleinste ist die Natur durchdacht und geformt. Überall finden sich Überraschungen und Korrespondenzen, überall zeigt sich, in welchem Maß man hier der Natur anhing und sich ihr als Gestalter und Betrachter entgegensetzte.

Die Wege des Gartens führen nirgendwohin. Der Garten ist ein Labyrinth. Endlos das Spiel des Himmels, des Lichts mit den eingewurzelten Erdwesen, endlos die Sinnesreize, endlos der Wechsel der Empfindungen von Abschweifung und Zielsicherheit, Verwirrung und Klarheit, Taumel und Halt. Der Garten ist eine Metapher. Endlos das Spiel der durch Muster und Formen, Farben und Namen hervorgerufenen Bedeutungen, endlos die Bilder,

die der wache Geist zu einem einzigen großen, gedanken-
reichen Gemälde zusammenfügt.

Die sanfte Stimme des Regens übertönt den Verkehrslärm jenseits der Mauer. Menschen, die nah sind, scheinen
plötzlich fern. Unter dem geschwungenen Dach des Pavillons am Wasser ruht der Betrachter aus. Er gleicht dem
Einsiedler, wie er auf den Bildern der alten Landschafts-
maler dargestellt ist, in tiefer Versenkung angesichts der
Leere, die sich im Wechselspiel der Naturerscheinungen
offenbart. Regentropfen lassen den fleckenlosen Spiegel
splittern. Der Geist ist getrübt, der See ist ein graues Fenster mit Icecrackle-Muster. Doch schon hält der Regen
wieder inne. Der leere Himmel bringt Fülle hervor, das
stille Wasser spiegelt endlos ziehende Wolken. Dieselben
Wolken – von der Sonne rötlich gefärbte Herbstwolken
(*qiu xia*) –, von einem entzückten Besucher sinnend betrachtet, mögen dem Garten einst seinen Namen gegeben
haben.

Der Himmel hängt tief, ein schmutziggraues Laken, zwischen Wolkenkratzern aufgespießt, von gigantischen Gießkannen gewässert. Die trüben Scheinwerfer haben einen Hof aus schwebenden Tropfen. Die Magnolienblüten sehen traurig aus. Ebenso die Pflaumen und Päonien und die anderen, die ich nicht benennen kann. Die Luft ist frühlingshaft weich, die Schlaglöcher sind voll Wasser. Vor mir, hinter mir, neben mir fahren sonderbare stumme Wesen, Kapuzenmännchen, auf ihren zwei- bis dreirädrigen Untersätzen, in unabsehbaren, langsam dahintreibenden Pulks. Im wogenden Wolkengrau leuchten ihre Einheitsplastikregenumhänge in allen Farben des Regenbogens. Aber nach einer Weile sehe ich keine Kapuzenmännchen, keine Räder und keine Regenbögen mehr, nur noch rotblaugelbgrünlila Kleckse. Es wird dunkel. Meine Füße sind naß. Meine Hose ist naß. Mein Hals ist naß. An den Brillengläsern rinnt das Wasser herab. Ich setze die Brille ab und versuche, mich mit kurzsichtigen Augen irgendwie zu orientieren. Überall blinken wie feindselige Tigeraugen im tropfenden Dschungel unentzifferbare Neonschriftzeichen auf, die das Gefühl des heimatlosen Umherirrens auf einem von seelenlosen Regenwesen bevölkerten Planeten, das mich befallen hat, zur tiefen Trostlosigkeit steigern. Doch schon naht Rettung! Wie gut, daß es seit neuestem hier Mode ist, die Regenumhänge mit englischen Aufschriften zu bedrucken! Ein

MANHATTAN STYLE GUARANTED QUALITY, der unversehens vor mir auftaucht, ruft sofort Urvertrauen in mir wach. Ich folge ihm blind, und er führt mich sicher an den prustenden Bussen, den spritzenden Lastern vorbei. Als er im Dunst verschwindet, finde ich einen SPORTSTIME, einen COLONIES OF SPARKLE, der mich hurtig über die nächste Kreuzung bringt. Jetzt habe ich das Gefühl, es ist Zeit, nach links abzubiegen – schon setzt sich ein RACE KNIGHT ERRANT vor mich, der prompt eine Lücke im Strom der hupenden Taxis findet. Auf der anderen Seite löst ihn ein erfahrener CHALLENGE, ein WE STAND OUT, ein JUST DO IT ab, letzterer ein echter Haudegen, der vor nichts Angst hat. Der chaotische Kreisverkehr ordnet sich wie von selbst, als ich ohne Zögern einem unverdrossenen MY FIRST MILLION folge, und endlich bringt mich RICH FORTUNATE SHANGHAI zuverlässig vor das heimatliche Tor.

Von den Restaurants liebe ich am meisten die vollen und
großen, ungemütlichen, bahnhofshallenähnlichen. Manche befinden sich in alten Fabriken oder Lagerhäusern,
auch Kirchen sind zu Restaurants umgebaut worden; die
Neubauten – vorzugsweise Seafoodlokale – sind großspu-
rige Kästen mit mannshohen Neonschriftzeichen an der
Stirn oder riesigen gemalten Werbeschildern. Heerscha-
ren von Mädchen in kurzen Röcken mit roten, goldbe-
schrifteten Schärpen um den Leib heißen die Gäste will-
kommen. In Vorräumen werden in Kühltruhen und
sprudelnden Wasserbecken oder in einfachen Plastikwannen die Rohstoffe zur Schau gestellt, lange Reihen von Fischen und Krebsen, Muscheln, Schildkröten, Ochsenfrö-
schen, Schlangen. In kleineren Abteilen die geräucherten
und gebratenen, an Haken aufgehängten Enten, Wachteln, Fasane. Beim Betreten des Gastraums wird man von
einem solchen Getöse empfangen, daß man kaum noch
sein eigenes Wort versteht. An vielen überquellenden runden Tischen sitzen Gruppen von Menschen. Da und dort
wird noch mit der Serviererin die Auswahl der Speisen aus
der stets unübersehbar dicken Speisekarte beratschlagt.
An anderen Tischen sind die Gesichter schon rot vom Es-
senseifer. Es wird geraucht und getrunken, geschrien, ge-
lacht. Die Wassereinschenker gehen herum und treffen
mit ihren Kupferkannen aus drei Metern Abstand ihr
Ziel, die Teetasse (manchmal auch nicht). Dutzende von

Bediensteten bringen immer neue Speisen herbei, zünden den Kocher an, auf dem zugedeckt die Suppe brodelt. Ganze Männerrunden stehen immer wieder auf, um anzustoßen. In den Séparées jagen sich Neureiche in dunklen Anzügen mit jungen Damen in hautengen geschlitzten Seidenkleidern um den Tisch herum und brüllen dabei wie am Spieß. Lächelnd weichen ihnen die Serviererinnen aus. (Sie lächeln, wie man über Kinder beim Kindergeburtstag lächeln würde.) Handys piepsen, Beeper beepen. Kleine Mädchen sitzen brav auf dem Schoß der Oma oder rennen vor den Fischbecken herum. Die Väter telefonieren und pulen dabei mit dem Zahnstocher in den Zähnen. Beim Bezahlen holen sie dicke Geldscheinbündel lässig aus der Hosentasche. Und dann, plötzlich, wie auf ein geheimes Kommando hin, erhebt sich alles und strebt dem Ausgang zu.

Es ist noch nicht neun Uhr. Die Halle ist leer. Die Tische sind verwüstet. Die weißen Tischdecken sind mit Schalen, Knochen, Gräten besudelt. In fettigen Gläsern schwappt schales Bier. (Man hat die Gewohnheit, die Gläser nicht ganz auszutrinken, auch in den Schalen und Schüsseln mit Essen läßt man gern etwas übrig.) Die Serviererinnen machen sich daran, das Chaos zu beseitigen. Die Köche kommen heraus, um noch ein Weilchen zu rauchen und zu plaudern. In der Küche werden Töpfe und Schneidebretter geschrubbt. An der Kasse wird Geld gezählt. Bald gehen überall die Lichter aus. Auch nach den größten Ausschweifungen begibt man sich pünktlich ins Bett.

Ob als Folge der hohen Luftfeuchtigkeit oder aufgrund des schlechten Stahls – was in dieser Stadt aus Metall ist, ist bald rostig. Aus dem Westen kommend, setzt man rostige Dinge mit defekten Dingen gleich, und defekte Dinge sind aus dem Verkehr zu ziehen. Von den Hiesigen wird diese Auffassung offenbar nicht geteilt. Der westliche Mensch lernt einen anderen, weniger dem Schein als dem Sein verhafteten, praxisbezogenen Umgang mit den Dingen kennen.

Nehmen wir Fahrräder: Rostige Fahrräder werden von dunkelhäutigen Provinzlern in blauer Arbeitsmontur und Stoffschuhen ebenso benutzt wie von milchweißen Großstädtern im eleganten Businessdress. Auf rostigen Fahrrädern werden Wasserkanister, Mehlsäcke, Polstermöbelgarnituren, Garküchen, Baugerüste, wird überhaupt alles transportiert, was überhaupt transportfähig ist. Auf rostigen Fahrradgepäckträgern sitzen rosige Kinder in Weiß und Türkis, die von Vätern und Müttern zum Kindergarten, zur Schule gefahren werden. Rostige Fahrräder werden von Parkwächtern ordentlich in Reihen aufgestellt, von Luftpumpenmännern aufgepumpt, von Reparateuren am Straßenrand in Windeseile repariert. Solange rostige Fahrräder im Gebrauch sind, klingeln rostige Fahrradklingeln, was das Zeug hält. Rostige Fahrräder sind so lange im Gebrauch, wie sie fahren. Manche gestatten sich in aller Bescheidenheit, die Welt auf den Namen ihrer einheimischen Herstellerfirma aufmerksam zu machen. In Gold und Silber prangt er auf dem rostigen Gestänge: *Forever*.

Bedeutende Ereignisse im Leben einer Arbeitseinheit, einer Firma oder Fakultät werden gern in Schaukästen dokumentiert, die eine Art öffentliches Fotoalbum darstellen. Auf bunter Pappe, schön beschriftet und mit allerlei Ornamenten verziert, kleben Fotos von Preisverleihungen, Banketten und Politikerbesuchen, wellig von der Feuchtigkeit, ausgebleicht vom Sonnenlicht, langweilig wie alle Fotos dieser Art, und kein Mensch, der nicht selbst mit abgelichtet wurde, bleibt stehen, um sie sich anzusehen.

Anders die Schaukästen, in denen auf die gleiche Weise die Fotos eben festgenommener Straftäter ausgestellt sind. An einer Hausmauer vor einer Polizeistation in der Fuzhou Lu stehen immer Leute, die lebhaftes Interesse an diesen Schnappschüssen bekunden, und auch ich bleibe, von einem schwer faßbaren Gefühl getrieben, immer wieder davor stehen.

Im Fernsehen sind Berichte über Durchsuchungen und Razzien, Festnahmen, Verhandlungen fester Bestandteil von Nachrichtensendungen. Doch es scheint, daß das Fernsehen mehr an der Aktion interessiert ist – den sich anschleichenden schwerbewaffneten Polizisten, den überrumpelten, ins Scheinwerferlicht blinzelnden, in Unterhosen an der Wand zusammengetriebenen Verbrechern, der Vorführung bei Gericht, der Unterschrift unter das Protokoll (oder das Urteil) mit von Handschellen zusammengepreßten Händen – und lieber die Beute ausstellt – beschlagnahmtes Rauschgift, Kisten voll gepanschtem Schnaps, Raub-VCDs, gefälschte Autoschilder, Banknoten, Uhren – als die Personen. Im Schaukasten an der Fuzhou Lu hingegen werden solche Personen einzeln präsentiert, in ganzer Figur oder als Brustbild, mit zerknitterten Kleidern, halb zugeknöpften Mänteln, kahlgeschorenen und mit Schorf bedeckten Köpfen. Um manche Hälse liegt ein Strick. Sind das die Todeskandidaten, die man zur Hinrichtung führt? Mild, menschlich scheint mir in diesem Augenblick die Todesstrafe gegen die Grausamkeit der Bestrafung nach dem uralten konfuzianischen Prinzip der öffentlichen Beschämung. Diese abgeknipsten Gesichter sind verloren im doppelten Sinn, preisgegeben und ohne Daseinsgrund, und das Böse, das man in ihnen sucht und findet, ist nur die Maske dieser ungeheuren Verlorenheit.

Josef von Sternberg drehte *Shanghai Express* Anfang der
dreißiger Jahre in Hollywood. Marlene Dietrich spielt die
Hauptrolle. Sie ist Shanghai Lily, eine Frau mit zweifel-
haftem Ruf, einem überschaubaren Repertoire an Körper-
haltungen und Mimik, edler Seele und atemberaubender
Garderobe. In ihrem Gefolge treten auf: britische und
französische Militärs, ein englischer Pfarrer, eine englische
Pensionsbesitzerin, ein englischer Diamantenschmuggler,
ein englischer Opiumhändler, eine steinreiche Chinesin.
Ihr Gegenspieler ist ein blutrünstiger, frauenschändender
Kommunist. Auch wenn der Film nicht den Anspruch
erhebt, sich mit geschichtlichen Tatsachen auf seriöse
Weise auseinanderzusetzen, so enthält er in seinem völligen Unverständnis dem Land gegenüber, in dem er
spielt, doch eine tiefe historische Wahrheit. Die zwielich-
tige Enge des nachgebauten Zuges, die Sternberg so ein-
drucksvoll dazu benutzt, den von ihm erschaffenen Star in
mondänen Roben und Pelzen in Szene zu setzen, ist die
Welt der ausländischen Bedrücker. Die Revolutionäre
stürmen den Zug. Im Kampf um den als Geisel genom-
menen englischen Major zeigt Shanghai Lily, was in ihr
steckt. Die Fahne, unter der sie kämpft, ist der mit Kra-
nichen bestickte Ärmel des seidenen Morgenrocks, der
an ihrem lässigen Körper schmeichelnd herabfließt. Der
Kampf geht zu ihren Gunsten aus, der Zug fährt weiter zu
seinem Bestimmungsort. Das Zwielicht, das Shanghai

Lily umgibt und das ihr Element ist, hat sich als den Revolutionären überlegen erwiesen.

Auch wenn es die Freiheit der Presse als einklagbares
Recht in unserem Sinn nicht gibt, hat man in Shanghai
die Möglichkeit, sich über die großen nationalen und internationalen politischen Ereignisse umfassend zu informieren. Als nicht Chinesisch lesender Ausländer ist man
keineswegs auf den *Shanghai Star*, die einzige englischsprachige Lokalzeitung, angewiesen. Und doch gewöhnt
man sich an ihn, wie man sich an jede Lokalzeitung gewöhnen kann, weil sie über Dinge berichtet, die man
selbst kennengelernt hat. Aber »berichten« ist vielleicht
das falsche Wort, und selbst das Wort »Zeitung« weckt
falsche Assoziationen.

Der *Shanghai Star* erscheint zweimal wöchentlich und
wird von *China Daily* herausgegeben. Er hat 16 Seiten,
mehrere davon in Farbe. Die Anzeigen lassen unschwer erkennen, wen man als Hauptleserschaft im Auge hat: Royal
Apartment Towers wirbt monatelang ganzseitig mit Fotos
von einem blonden Golfer auf grünem Rasen und einer
muskulösen Männerhand, die eine Hantel umfaßt, der Begleittext verspricht Sauna, Squashplatz usw. zusätzlich
zum Ultimate Dream Home. Ikea wirbt, ebenfalls ganzseitig, mit Duschvorhängen, Deckenflutern und Hi-Fi-
Gestellen. Mindestens eine Farbseite gehört jenen gastronomischen Unternehmungen, die mit mexikanischen
Drinks, echter belgischer Schokolade, Poolside Barbecue,
einer neuartigen Kombination von Hummeressen und

Pottery Creation Workshop sowie Sonderangeboten zum Muttertag locken. Die Rubrik »Around Town« informiert über Dining, Fitneß und Entertainment in den großen Hotels. Daneben das aktuelle Angebot der internationalen Fluglinien und die gehobenen Immobilien. In der Rubrik »Events« die Abfahrtszeiten der Sightseeingbusse, Hinweise auf gastierende Balletttruppen, Ausstellungen, Briefmarkenauktionen und Neuzugänge im Zoo.

All das wäre nicht weiter bemerkenswert, der *Shanghai Star* nichts als eine harmlose Touristenpostille, keines zweiten Blickes wert, gäbe es da nicht unübersehbar die Artikel, die Fotos auf den vorderen Seiten, die, unter den Rubrikbezeichnungen »City«, »Pudong«, »Business« firmierend, auf charakteristische Weise die Stimmung widerspiegeln.

Man hat es mit einem großen, grob und schlecht gemalten Bild in der Art des Sozialistischen Realismus zu tun, dessen Gegenstand der Kapitalismus ist. Der Titel des Bildes lautet: Shanghai im Jahre 2000.

Heller als die Sonne strahlt diese magische Zahl über der Stadt und läßt Erwartungen aus dem Boden schießen, deren wucherndes Wachstum nur noch in Millionen und Milliarden zu messen ist: Bis zum Jahr 2000 werden im Hafen 4 Millionen Großcontainer umgeschlagen! Die Stromerzeugung steigt auf 12 000 Megawatt! Die neugegründete Light Industry Holding Company erwartet, Produkte im Wert von 10 Milliarden Yuan zu verkaufen! Kurz: Shanghai wird größer und mächtiger sein als New York, Tokio und Hongkong zusammen. Das Jahr 2000 krönt eine Entwicklung, die sich wie ein unbesiegbarer

Strom von den gefährlichen Höhen und Klippen der sozialistischen Vergangenheit fortwälzt hin zu den breiten Ebenen ungehemmter marktwirtschaftlicher Produktion und vor allem Konsumtion: In den ersten 6 Monaten des Jahres erschienen 7300 neue Konsumgüter auf dem Markt. Der Marketingdirektor von Dupont läßt verlauten, daß die neu eingeführten teflonbeschichteten Küchenutensilien in überaus befriedigender Weise gekauft werden. Der Präsident von Clairol lobt die Shanghaierinnen für ihren Mut zum Haarefärben. Herr Zhu wird als Besitzer des 3millionsten Telefons in der Stadt beglückwünscht, die Telefoninstallationskapazität der Stadt hat die von Hongkong überrundet. Im April wurden 22 000 Santanas produziert, über 2000 mehr als im März. Das Jahresoutput der Computerindustrie beträgt 14 Milliarden Yuan. Das bedeutet einen Zuwachs von ...

Alles wächst, alles steigert sich. Als Faustregel gilt: Je brisanter das Problem, desto phantastischer die Zahlen.

Selbstverständlich wird der mit giftigen Chemikalien hochgradig verseuchte Stadtfluß Wusong in ein bis zwei Jahren gereinigt sein und für die selbstverständlich ansteigenden Touristenmassen eine weitere Attraktion darstellen, die sie dazu bringen wird, unermeßliche Mengen von Dollars auszugeben. Wieder einmal wird das Jahr 2000 seine Zauberkräfte entfalten. Wozu diesen Kräften mit eigenen ökologischen Entscheidungen ins Handwerk pfuschen? Hier und da bepflanzt man ein paar Meter Ufer mit bunten Blumen, begleitet diese Maßnahme mit Farbfotos und zitiert den Festredner, der gesagt hat, daß bald,

bald jedem Einwohner 2,75 Quadratmeter Grünfläche zur Verfügung stehen werden. Zum Thema Abwasser gibt es Schlagzeilen über Zukunftsprojekte, Zahlen und wieder Zahlen, doch keine einzige, die über die wirkliche Situation erhellend Auskunft gibt. Wenn es um Abfallbeseitigung geht, weist man mahnend auf die Styroporschachteln hin, die täglich millionenfach benutzt und weggeworfen werden. Dann die triumphierende Meldung, daß Shanghaier Betriebe in der Lage sind, 900 Millionen Styroporersatzschachteln aus Reisstroh herzustellen. Doch vergeblich sucht man nach Antwort auf die Frage, warum sie nirgends benutzt werden; warum überhaupt von all diesen Projekten im täglichen Leben so wenig Wirkung zu verspüren ist. Daß es an allen Ecken und Enden an Geld fehlt, um die katastrophalen und immer katastrophaler werdenden Umweltprobleme in den Griff zu bekommen, gesteht man nicht gern ein. Erst reich werden, dann sehen wir weiter! Davon scheinen Zeitungsschreiber ebenso überzeugt wie die Mehrzahl der Shanghaier, mit denen man darüber spricht.

Was die Abrisse der alten Viertel, die Umsiedlung der Bewohner in oft weit außerhalb gelegene Vororte, die tiefgreifende Veränderung der ganzen Innenstadt betrifft, wo gewachsene Wohngebiete in reine Geschäfts- und Verkehrszentren umgewandelt werden, so findet man Fotos von lachenden Familien, die unter neidvoller Anteilnahme der Nachbarn vom Taxi in ihr neues Wohngebiet gebracht werden, lachende Menschen, die zwischen sauber gestutzten Vorstadthecken den Umzugslaster entladen und vor den blütenweißen Wänden ihres neuen Heims lachend die Blumen des Vizebürgermeisters in Empfang nehmen, der seinen Antrittsbesuch abstattet.

Auf gewohnt praktische altchinesische Weise geht man mit dem Problem der Arbeitslosigkeit um. Da es von den höchsten Politikern auf höchster Ebene öffentlich zur Sprache gebracht worden ist, kann auch der *Shanghai Star* nicht umhin, es gelegentlich zu erwähnen. Doch wenn anderswo von den zahllosen Verzweifelten die Rede ist, die vor dem Nichts stehen, spricht er in stolzen Schlagzeilen von der Zahl der Spindeln, die man im Zuge der Reform der staatlichen Textilfabriken vernichtet hat, und wartet mit Statistiken über die zunehmende Zahl der privaten Unternehmen auf, die den entlassenen Textilarbeitern eine strahlende Zukunft bieten. Sollte es dem einen oder anderen Arbeitslosen an Ideen mangeln, so hilft er durch großzügig über alle Ausgaben verstreute Fotos von lachenden Menschen in adretter Kleidung, die wie Millionen anderer verelendeter Erwerbsloser ihre Arbeitskraft als selbständige Dienstleistende verkaufen. Die Legenden lauten folgendermaßen:

»Jiang Sha (rechts), Direktorin der Firma Zili Reines Wasser, im Gespräch mit einer Verkäuferin. Der Betrieb wurde 1996 von Frau Jiang und 50 anderen Männern und Frauen gegründet, nachdem sie ihre Arbeit bei der Textilmaschinenfabrik Nr. 4 verloren hatten. Die Verkäufe des hier abgefüllten Wassers steigen ständig.«

»Zhang Wenlong (links), ein entlassener Arbeiter, gründete eine Reparaturfirma für Haushaltsgeräte. Heute besitzt er 11 Werkstätten und beschäftigt 42 ehemalige Arbeitslose.«

»Ding Tiansong (Mitte), ehemals Arbeiterin einer Fabrik, die Wollpullover herstellte, startet ihr eigenes Geschäft. In Heimarbeit verpackt sie Souvenirs für Touristen.«

»Jiang Lizheng, ehemals Arbeiterin bei der Baumwollspinnerei Nr. 10, putzt Waschbecken im Shanghai Landmark, einem Einkaufs- und Bürokomplex an der Nanjing Lu. Frau Jiang, 44, freut sich über ihren neuen Job.«

Was hier entworfen wird, weist in seiner öden Schönfärberei zwar noch gewisse Ähnlichkeiten mit dem verordneten Optimismus jener Ära auf, deren Anfänge ihre Kraft aus den großen Gedanken des Sozialismus zog. Doch die – vielleicht utopischen – Ziele, die man damals vor Augen hatte, scheinen heute lächerlich und abstrus wie Maojakken und Mandschuzöpfe. Wo gibt es eine gläubigere Gefolgschaft des Kapitalismus als hier, in diesen Texten, geschrieben und gedruckt in einer Stadt, deren Arbeiter vor siebzig Jahren als erste aufstanden, um die westlichen Bedrücker aus dem Land zu werfen? Von Arbeitern – namentlich dem Millionenheer der Wanderarbeiter, die aus den armen Provinzen in die Stadt strömen, um zu niedrigsten Löhnen die Wolkenkratzer der Reichen zu bauen – ist nicht mehr die Rede. Um so mehr von A-shares und B-shares, Profitraten, Börsengängen. Wie schnell scheint man verstanden und akzeptiert zu haben, daß man durch Arbeit heute auf keinen grünen Zweig mehr kommt! Am liebsten meldet der *Shanghai Star* Ereignisse, die die Modernität und Weltstädtischkeit Shanghais beweisen, wie die Eröffnung der neuen Valentino-Boutique oder das von den Konsumenten endlich entdeckte Bedürfnis nach einer

Antifaltencreme. Die Tatsache, daß die Zahl der Aids-
kranken in der Stadt ständig steigt, wird von der Nachricht verdrängt, daß eine Shanghaier Firma ein neues
Aids-Wundermittel auf den Markt gebracht hat. Es heißt
XQ-9302, und weil in Shanghai die Tradition dem Fortschritt dient, sind über 20 traditionelle Heilkräuter darin
enthalten. Auf der Titelseite feiert man das moderne
Leben bei der Einweihung einer neuen Coca-Cola-Abfüll-
anlage in Pudong. Der Vizebürgermeister prostet mit
einer roten Coladose dem Präsidenten von Coca-Cola zu,
und man erfährt, daß ein Shanghaier 86 Flaschen Coca-
Cola pro Jahr trinkt, 81 Flaschen mehr als der Landes-
durchschnittsbürger. Die Steigerungsrate bis zum Jahr
2000 beträgt ...

Grausam war die Unterdrückung, die Frauen im alten China zu erdulden hatten. Als Mädchen verkaufte man sie an prügelnde Ehemänner, als Witwen trieb man sie zum Selbstmord, als mittellose Bäuerinnen machte man Konkubinen, Prostituierte, Arbeitssklavinnen aus ihnen. In Stadt und Land wurden Frauen mißhandelt, gedemütigt, der fundamentalsten Rechte beraubt. Emblematisch für ihre Lage ist die jahrhundertelang geübte Praxis des Füßebindens geworden, wodurch man ihnen die Freiheit der Bewegung nahm und sie zwang, sich auf die wenigen häuslichen Tätigkeiten zu beschränken, die man ihnen zugestand.

Heute werden die winzigen, schön bestickten seidenen Schühchen, in denen noch vor zwei, drei Generationen die gebrochenen Füße der Frauen steckten, als Kuriositäten auf Flohmärkten verkauft. Aber das Füßebinden war keine Kuriosität, und die einst erlittenen Torturen sind dem kollektiven Gedächtnis der Frauen vielleicht tiefer eingeschrieben, als man es sich mit einem einzelnen heutigen Kopf vorzustellen vermag. Wie ist es zu erklären, daß man sehr kurze Röcke und sehr durchsichtige Stoffe, doch auch bei heißestem Wetter öffentlich kaum einen Frauenfuß zu sehen bekommt, der unbekleidet im Schuh steckt? Sollen die bei Busfahrerinnen, Professorinnen, Köchinnen, Managerinnen, Verkäuferinnen gleichermaßen beliebten, zu Hosen wie zu Röcken getragenen dünnen,

hellfarbenen oder farblosen Söckchen die Füße hervor-
heben oder den Blicken entziehen? Steckt in diesem merkwürdig verschämt anmutenden Utensil außer einer letzten
glimmenden Erinnerung an traditionelle Kleidungsvor-
schriften nicht auch der Hinweis auf eine schwer zu fas-
sende, tiefsitzende Furcht vor Verletzung der gerade erst
befreiten Füße?

Stempel werden in China seit über dreitausend Jahren benutzt. Zuerst waren es hohe Beamte, die offizielle Dokumente mit roten Siegeln beglaubigten, später benutzten mehr und mehr gebildete Privatleute, Literaten, Maler und Kalligraphen Stempel als künstlerische Form der Gestaltung ihrer Namen, Gedanken und Maximen. Immer wieder wurden die für den Stempeldruck verwendeten Siegelschriften vereinheitlicht. Wer sich heute einen Stempel schneiden läßt, wählt häufig eine Schrift, die aus der Zeit der Qin- und Han-Dynastien stammt. Stempel waren anfangs flache Metallplättchen, die man auch als Anhänger um den Hals trug, später verwendete man wertvollen, oft durchscheinenden und farbigen Stein mit geschnitzten Tierfiguren als Schmuck. Das Stempelschneiden ist eine Schriftkunst wie die Kalligraphie. Auf kleinster, meist quadratischer Fläche werden die Zeichen so angeordnet, daß sich ein ästhetisches Ganzes ergibt. Im Shanghai Museum sieht man die Abdrücke sehr alter Stempel, bei denen man auf den ersten Blick nichts als ein gleichmäßiges Linienmuster zu erkennen vermag. Bei genauerem Hinsehen enthüllen sich dem Kenner die Linien als Schriftzeichen, die, von oben nach unten und von links nach rechts gelesen, einen Sinn ergeben – Beamtentitel, Gedichtanfänge, Sinnsprüche. Auf höchst kunstvolle Weise ähneln diese Stempelbilder dem Daumenabdruck, von dem das Stempeln und Drucken vielleicht einst seinen

Ausgang nahm. Der Unterschied zwischen unserer Signatur und einem Stempel ist der zwischen einer zufälligen Kritzelei und einem Gemälde. Insofern bringt der Stempel die Individualität dessen, der ihn benutzt, genauer und mit mehr Autorität zum Ausdruck als seine Unterschrift. Maler versehen ihre Bilder mit Stempeln, aber ein altes Bild trägt oft auch noch die Kolophone und Stempel derer, die es besessen haben. Das Bild wird sprechend durch die sichtbaren Eindrücke all derer, die es betrachtet und Zwiesprache mit ihm gehalten haben.

Vor den Toren unserer Wohnsiedlung herrscht ein buntes Treiben. Immer gibt es etwas zu schauen, zu kaufen und zu kosten, immer ist was los. Daran sind die Straßenhändler schuld. Sie sammeln sich auf dem Bürgersteig. Sie kommen pünktlich und gehen klaglos an die Arbeit. Jeden Tag werden es mehr.

Straßenhändler sind Leute, die auf der Straße sitzen.

Frauen in geflickten Jacken breiten Tücher über den Bordstein und legen Wäscheklammern, Kleiderbügel, Einlegsohlen, BHs und Pantoffeln billigster Machart darauf. Junge Männer hocken auf dem Mäuerchen und halten angesägte CDs, Glückwunschkarten, mit Maoköpfen bemalte Aschenbecher und alte Wecker feil. Männer mit Muslimkäppis sind mit Fellen behängt, die sie Passanten anbieten. Andere ziehen Tierschädel und Batikstoffe aus ihren Rucksäcken. Es gibt Sonnenblumenkerne, Nüsse und Obst. Es gibt auch »stinkenden« Tofu und duftenden Jasmin. Es gibt Zierschildkröten in Plastikwannen. Es gibt Krimskrams. Zum Frühstück die Fladenbäcker. Mittags die Garküchen auf Fahrrädern, die Schachtelreisverkäufer. Wenn es kalt wird, die Süßkartoffelröster mit ihren großen Tonnen. Abends die Lammfleischspießbrater, die Pfannkuchenbäcker ...

Mitten im malerischen Gedränge rief plötzlich jemand: »Polizei!« Und alle Straßenhändler packten in höchster Panik ihre Sachen zusammen und zogen ihre Wägelchen und Karren und Räder in die nächste Toreinfahrt. Zwei, drei Polizisten mit Schlagstöcken erschienen und zerschlugen alles, was sie noch vorfanden. Außer zerbrochenen Eiern, zerschmetterten Hockern und Öllachen zwischen den Pflastersteinen blieb nichts übrig. Wer beim Straßenverkauf ohne Erlaubnisschein erwischt wird, bekommt eine saftige Strafe. Es gibt regelmäßige Kontrollen und Verwarnungen, doch es gelingt den Behörden nicht, dem Straßenhandel Herr zu werden.

»Die Reform der Staatsunternehmen wird vor allem einen wirtschaftlichen Mechanismus etablieren, durch den starke Einheiten überleben und schwache untergehen.« So steht es treffend in der Zeitung.

Der Kampf zwischen den starken Einheiten und den schwachen wird vor aller Augen ausgetragen. Das traditionelle Kleingewerbe, das einst die Straße bevölkerte, stirbt aus. Heute kommen viele Straßenhändler aus industriellen Berufen. Nach der Entlassung aus der Fabrik ist die zermürbende und unsichere Arbeit auf der Straße die einzige Erwerbsquelle, die ihnen noch offensteht, und sie sind verzweifelt genug, um wegen ein paar Mark – oft nicht einmal das – Razzien, Strafen, die allzeit mögliche demütigende Begegnung mit der Staatsgewalt in Kauf zu nehmen.

Straßenhändler sind Leute, die auf der Straße sitzen.

Nur uns gutbezahlten Blinden erscheint das täglich farbiger werdende Treiben vor den Toren unserer Wohnsiedlung bunt.

Unglaublich, aber wahr! Nach langen Monaten geduldigen Einhörens ist es der Berichterstatterin gelungen, das auf den Straßen Shanghais herrschende verwirrend vielstimmige Hupkonzert in Einzelstimmen zu zerlegen und das uns so fremd anmutende Idiom des morgendlichen Quäkens und Jaulens, Klingelns und Zirpens, Trötens und Orgelns ins Deutsche zu übertragen.

Im folgenden ein Auszug:

(...)

Ein mit Kohlköpfen beladener schwerer blauer Lastwagen der Marke Ostwind (gutmütig, vom Land):

»He! Genossen! Macht frei die Bahn!

Uns braucht die Gesellschaft, wir müssen fahrn!«

Ein Bus der öffentlichen Verkehrsbetriebe, in dem die Leute stehen wie Sardinen in der Büchse (mißgelaunt, brummig):

»Gesellschaft, Gesellschaft, das kennen wir!

Wer macht den Reibach, wer schuftet hier?«

Eine nagelneue Mopedrikscha (munter):

»Ihr wißt wohl noch nichts von der neuen Reform?

Privat muß man sein! Privat setzt die Norm!«

Der Laster:

»Ach, laß uns in Ruh'. Wir rackern uns ab.

Ihr kläfft und meckert und freßt nicht zu knapp.«

Ein weiterer öffentlicher Bus, mit aus dem Fenster hängender lärmender Schaffnerin:

»Und wißt ihr, was wir am liebsten fressen?

Die Kameraden in ihren Ackerchaisen!«

Noch ein Bus (alt, schwarze Rauchwolken aus dem Auspuff schleudernd):

»Wir dienen dem Volk! Wir brauchen Platz!

Für pünktliche Leute gibt's keinen Ersatz!«

Ein Motorroller einheimischen Fabrikats (hustend):

»Ersatz gibt's heute für alle und jeden!«

Der alte Bus:

»Sei still! Laß die Erwachsenen reden!«

Ein halbleerer klimatisierter privater Nissan-Kleinbus mit wehenden Gardinen (nervös):

»Wer euch noch nimmt, ist selber schuld,

Die neue Zeit hat keine Geduld!«

Ein privater Iveco (gellend):

»Früh aufstehn, heißt's, und los mit Gebraus,

Mit den alten Gäulen ist's endgültig aus!«

Der alte Bus (empört, zitternd):

»Ich wette, ihr werdet vor uns verkalken,

Der Gaul ist alt, doch er kennt kein Halten!«

Ein Santana-Taxi (von hinten heranpreschend, mit quietschenden Bremsen):

»Wir fordern Freiheit und Vorfahrt für alle,

Und Fleisch jeden Tag und Geld auf die Kralle!«

Ein riesiger, strahlendweißer Daewoo (ruhig vorbeiziehend):

»Mein Gott, wie schmutzig hier alles ist!«

Der Ostwind (frech):

»Auch du kamst mal von 'nem Haufen Mist!«

Eine staubige schwarze Firmenlimousine mit schwarzen

Scheiben, Marke Rote Fahne, die schon bessere Tage gesehen hat (neidisch):

»Schaut her, der Affe auf Angebertour!

Ihr habt den Crash! Wir die Kultur!«

Ein Audi-Taxi (rechts überholend, kämpferisch):

»Ihr glaubt, wir wissen nicht, wie's geht,

Wie man ohne Arbeit Milliarden verbrät –«

Ein Passat-Taxi, dessen Insassen auf ihren Laptops Börsenkurse studieren (stehend, wissend):

»Und Schulden macht und vergißt, sie zu blechen –«

Ein Laster mit eingedrücktem Kotflügel und sich drehender Zementmischtrommel (zwischen den Zähnen):

»Lakaien! Euch sollen die Achsen brechen!«

Eine wacklige Fahrradrikscha mit Hilfsmotor und zerschlissenem Plastiksitz:

»Wir ehrlichen Leute, für uns ist es schlimmer,

Uns lassen sie bluten, einst und immer!«

Der Santana (unwirsch):

»Gejammer, Gejammer, sonst hört man hier wenig.«

Der Passat (höhnisch):

»So bleibt man ewig arm und sehnig.«

Ein Fahrrad, Marke Forever (hoheitsvoll):

»Wir Armen von der dritten Welt

Könn' tun und lassen, was uns gefällt!«

Ein privater Mitsubishi (unbeeindruckt):

»Ihr könnt ja nicht mal Autos baun!«

Der Rote Fahne (wütend):

»Weil uns die Amis die Ingenieure klaun!«

Ein Fahrrad mit selbstgebasteltem Beiwagen, in dem ein Kind sitzt und eifrig einen schlechten Comic liest:

»Du Ausländer da, mit der großen Lippe,
  Wie kriegst du nur soviel Fett auf die Rippe?«
Ein rumpelnder alter Kleinlaster ohne Markenname, auf
dessen Ladefläche ein paar frierende Arbeiter zwischen
Mandarinenbergen ins Leere starren:
  »Uns fehlt's nicht an Fleiß, uns fehlt's nicht an Schwung,
  Uns fehlt's an 'nem neuen Mao Zedong!«
Ein Fahrrad (beiseite):
  »Der Mao wie der Jiang Zemin,
  Die führn das Volk in den Ruin!«
Ein Moped, Marke Piaggio (arrogant):
  »Hört mal! Wie schön mein Auspuff kracht!«
Ein Fahrrad (klapprig, müde):
  »Das hab' ich die ganze Nacht gemacht!«
Noch ein Fahrrad (solidarisch):
  »Ach, wie gut konnt' man einst pofen!«
Der Santana (energisch durchstartend):
  »Nur kein Mitleid mit den Doofen!«
Das Fahrrad (träumerisch fortfahrend):
  »Als man statt auf Motorkarkassen
  Sich noch auf die eigne Kraft verlassen ...«
Ein riesiges altmodisches Motorrad, Marke Glück, von
zwei Lastfahrrädern eingekeilt:
  »Nur Gier, nichts andres ist die Jugend!«
Ein Fahrrad (ironisch):
  »Wo bleibt die Bildung und die Tugend?«
Ein Mountainbike, Marke Phoenix (in Schlangenlinien
auf dem Bürgersteig überholend):
  »Die alte Zeit geht brav am Zügel,
  Der schlauen Jugend wachsen Flügel!«

Ein von zwei Menschenarmen gezogener hölzerner Abfall-
karren mit Glöckchen (weinerlich):

»Seht, Brüder, mich und meinen Karrn,
Ich muß doch auch den Weg hier fahrn ...«

Das Mountainbike (beiseite):

»So'n Schmarrn!«

An einem eisigen Samstag kurz vor dem Frühlingsfest besichtigte ich das Haus in der Xiangshan Lu in der ehemaligen französischen Konzession, wo Sun Yat-sen nach dem fehlgeschlagenen Feldzug gegen die Warlords in Guangxi 1918 einzog und bis 1924 lebte, ein Jahr vor seinem Tod und der geplanten Nördlichen Expedition zur Wiedervereinigung des zerfallenen und zerstrittenen, ausgepowerten Landes, die er anführen sollte. Es ähnelt auf den ersten Blick einem Landhaus im europäischen Stil; erst bei Betrachtung der zum Garten sich öffnenden Front versteht man, daß es mit den großzügigen, vielteilig gegliederten Fenstern des überdachten Balkons und den schattigen Arkaden der Veranda ein durch und durch chinesisches Haus ist. Der vorgebaute, Licht und Luft einlassende Raum puffert das Innere gegen die oft so unbekömmliche Shanghaier Witterung ab. Die Farben – die Oberflächen sind nicht verputzt, sondern mit dunkelgrauen glatten Kieselsteinen beworfen, Fensterrahmen und Türen braunrot lackiert – gleichen denen der typischen chinesischen Fassaden überall in der Stadt. An diesem Tag bin ich die einzige Besucherin.

Die Tour beginnt in der Küche, wo mich ein freundlicher älterer Herr in Empfang nimmt, mir bedeutet, meine Schuhe mit den bereitliegenden Plastiküberzügen zu versehen, und mich in einem Kauderwelsch aus Englisch und Chinesisch auf den damals hochmodernen Heißwasserboiler und den Gasherd mit Ofen hinweist. Durch einen dunklen Gang mit verglasten Bücherschränken erreichen wir den Empfangsraum mit angeschlossenem Speisezimmer. Der Führer betätigt eine Kurbel, es erschallt eine Stimme, die auf englisch die Einzelheiten der Einrichtung erklärt, der Führer deutet stumm auf das jeweils Erwähnte. Der Dielenboden ist mit einem schönen Teppich bedeckt, die Wände sind dunkel getäfelt, die klassischen Möbel aus wertvollem dunklem Holz. Auf schmalen Gestellen stehen alte Vasen und Statuen, ein silberner Pokal. An der Wand Kalligraphien in schwarzen Rahmen. Ein Wandschirm mit eingelegten farbigen Steinen, blühende Zweige und Vögel vorstellend. Ein Kaminschirm mit hellem Marmor, dessen Maserung einen breiten Fluß mit dunklen Bergen bildet. Auf dem Kaminsims ein Schwert aus Familienbesitz. Über dem Kamin das schwarz gerahmte Foto des Hausherrn. Es gibt viele Fotos von Sun Yat-sen. Die meisten zeigen ihn in der untadeligen Haltung und Kleidung (westlich und chinesisch im Wechsel) des Weltmanns, mit einem von Entschlossenheit, eiserner Selbstdisziplin und dünnlippiger Distanz geprägten Gesicht. Auf späteren Fotos zeigt sich die Andeutung eines unfrohen Lächelns, Einsamkeit, Verbitterung.

Etwas Düsteres und Bedrückendes liegt über den Räumen, die vom persönlichen Schicksal dieses umhergeworfenen und in seinen politischen Zielen so oft schwankenden schmächtigen Mannes nichts erkennen lassen. Doch mein Führer läßt mir keine Zeit, länger darüber nachzusinnen. Wir steigen eine enge, dunkle Treppe hinauf. Am Fuß der Treppe ein Schrank für die Geschichte der vier-

undzwanzig Dynastien. Im Flur des ersten Stocks ein ver-
glaster Bücherschrank neben dem anderen. Anders als
andere Reformer seiner Zeit besaß Sun nicht den Hintergrund eines klassisch gebildeten konfuzianischen Gelehrten. Die Titel auf den abfotografierten Bücherrücken lassen auf eher westlich orientierte Bildung und breites
Wissen über die politische Weltkonstellation schließen,
die zu der für China so entscheidenden Situation in den
zwanziger Jahren unseres Jahrhunderts führte. Sie erinnern auch daran, daß Sun in diesem Haus zwei Bücher
schrieb, in denen er seine Ansichten über die weitere Entwicklung Chinas darlegte. (Von der heutigen offiziellen
Geschichtsschreibung werden sie bestenfalls gönnerhaft
belächelt.)

Als nächstes geleitet mich der kleine grauhaarige Führer ins Schlafzimmer, und hier erst wird mir durch die An-
wesenheit einer Frisierkommode, einer weiß überzogenen
Chaiselongue mit bestickten Kissen und einem Foto an
der Wand klar, daß der Hausherr mit seiner Ehefrau hier
lebte. Es gibt noch ein weiteres Foto Song Qinglings im
Haus, es hängt über dem Kamin des angrenzenden Arbeitszimmers (*seines* Arbeitszimmers). Beide Fotos zeigen
sie lesend, mit gesenktem Blick. Ich versuche mir vorzustellen, wie das Leben für diese schöne, sanfte junge Frau
gewesen sein muß, die eben erst ihr Studium in Amerika
beendet hatte und sich – als einzige in ihrer berühmt-
berüchtigten Shanghaier Familie – glühend für die Republik begeisterte, an der Seite eines fünfzigjährigen
Schwerkranken (wann wurde es ihm bewußt, daß er nur
noch kurze Zeit zu leben hatte?), der ihr Vater hätte sein

können, in diesem Haus, das so streng und männlich und tadellos war wie er selbst.

Wie bei einer Geisterbeschwörung scheinen sich meine Gedanken auf den Führer zu übertragen. Er lenkt meine Aufmerksamkeit auf einen gepolsterten Stuhl neben der Balkontür. Er stellt sich vor ihn, geht in die Knie, beugt sich vor und legt beide Hände auf den Sitz. Dann richtet er sich auf und bedeutet mir, es ihm nachzutun. Ich weiß nicht, warum, aber ich tue, ohne zu zögern, wie er mir geheißen. Er bleibt neben mir stehen und lehnt sich mit seinem ganzen Gewicht auf meinen Rücken. »Heavy?« fragt er. Ich bejahe verwirrt. Und bevor ich Zeit habe, mich wieder aufzurichten, spüre ich, wie sich das Gewicht auf meinem Rücken verstärkt – der Mann sitzt auf mir, und mit einer sonderbaren, hämisch gellenden Stimme ruft er: »Heavy! Heavy!«, bis mein stotternder Protest ihn endlich dazu bewegt, mit dem bizarren Spiel aufzuhören und wieder abzuspringen. Triumphierend lächelnd (so interpretiere ich es jedenfalls) führt er mich weiter in den kleinen Salon und das Arbeitszimmer, wo er wie üblich an den passenden Stellen des englischen Lautsprecherschwalls auf Landkarten, Schreibutensilien, gerahmte Urkunden und Antiquitäten deutet. Sodann entläßt er mich formlos am Fuß der Treppe.

Im Garten betrachte ich lange die Rasenfläche, auf der am 5. Mai 1924 Kommunisten und Nationalisten gemeinsam den dritten Jahrestag von Dr. Suns Einsetzung als außerordentlicher Präsident der Republik feierten – dieselben Männer, die sich wenig später im Bürgerkrieg auf das blutigste befehden sollten –, und noch einmal sehe

ich zu dem Balkon mit seinen großen blinden Fenster-
bögen hoch, hinter denen die junge Schöne mit den revolutionären Ideen an einsamen Nachmittagen auf ihrer
Chaiselongue saß und Tanzmusik aus dem Radio hörte,
und dann löst sich die Spannung, ich kann das Lachen
nicht mehr unterdrücken.

In den Parks sind Leute zu beobachten, die an Seeufern, unter Bäumen, unter Pergolen aus Beton ein merkwürdiges Hobby pflegen. Ein Kassettenrecorder mit zwei Lautsprechern bläst dünne Musik in die kalte Vorfrühlingsluft, Tango und Foxtrott, Rumba und Cha-Cha-Cha. Die Leute wackeln mit den Hüften, wedeln mit den Armen, halten sich an den Händen wie Kinder, drehen sich umeinander wie Ponys. Sie sind steif und unbeholfen, arglos und ohne Prätention. Sie tragen schlecht geschnittene Hosen und schlecht sitzende Röcke, abgewetzte Pullover und unansehnliche Polyesterhemden, und ihre Schuhe sind unelegant und plump. Nüchtern, mechanisch halten sie den Takt. Ihre Füße kennen die Schrittfolge, aber ihre Körper lassen sich vom Rhythmus nicht mitreißen. Daß diese Sache etwas mit Gleiten und Schweben und erotischer Seligkeit zu tun haben kann, das ahnen sie nicht und wollten es nicht. Sie heben nicht ab. Sie bleiben auf dem Boden. Doch seltsam, auch darin ist Liebreiz.

Aus Stolz, nicht zu den körperlich Arbeitenden zu gehören, haben sich manche den Daumen- oder Kleinfinger-
nagel lang wachsen lassen; manche berichten von bitterer
Arbeitslosigkeit nach der Entlassung aus der Fabrik; viele
nutzen den geschützten Raum des Taxis zu offenen Ge-
sprächen über Politik; hin und wieder wird vom Fahrgast
verlangt, den Weg zum Fahrziel anzugeben (der Gebrauch
eines Stadtplans ist unüblich); zuweilen wird einfach irgendwo angehalten und behauptet, das da vorne sei das
gewünschte Fahrziel (Ausländern kann man alles erzäh-
len); manche haben ein Glöckchen um den Finger gebunden, um sich wach zu halten; der Gebrauch von Auf-
putschmitteln soll verbreitet sein; manche erhoffen sich
von einem Maobild Schutz vor Unfällen; an fast jedem
Rückspiegel baumeln Amulette. Gibt es etwas, was allen
Taxifahrern gemeinsam ist?

Ich weiß es nicht. Sobald ich eingestiegen bin, bemühe
ich mich, das Auto, meinen Chauffeur und die Fährnisse
des Weges zu vergessen. Ich sehe nur seitlich aus dem Fenster und habe es mir zum Grundsatz gemacht, niemals
irgendein Wende-, Ausweich- oder Überholmanöver im
einzelnen zu verfolgen. Am bemerkenswertesten finde ich
weniger die Taxifahrer als jene Fahrgäste, die imstande
sind, neben ihnen mit zurückgelehntem Kopf und offe-
nem Mund Mittagsschlaf zu halten.

Ich gehe oft ins Shanghai Museum. Ich habe mehrmals die Abteilung für Skulptur besucht. Ich habe Skulpturen von Fabelwesen und Buddhas und Wächtergottheiten und Tänzerinnen gesehen. Ich habe mehrmals die Abteilung für Malerei besucht. Ich habe Bilder von Blumen und Vögeln, von Mönchen und Arhats und Damen, die Schmetterlinge fangen, und Landschaften betrachtet. Ich habe versucht, die Unterschiede in der Malweise der Maler verschiedener Dynastien herauszufinden. Ich habe mir Namen eingeprägt. Ich habe mir Techniken erklären lassen. Ich habe Bücher gekauft. Oft stand ich überwältigt von der unendlichen Weite und feierlichen Tiefe einer Berglandschaft mit Wasserfällen und Kiefern und Nebeln und Einsiedlern, die in Pavillons die Natur anbeten, vor einem Bild, und dann kam das nächste Bild, und ich hatte keine Kraft mehr, mich überwältigen zu lassen, weil es mir an Kriterien mangelte, ich sah nichts Genaues mehr, alles verschwamm zu einem nebulösen Berg-und-Wasser-Einerlei.

Im Shanghai Museum fand eine Ausstellung von Kunstwerken aus dem Besitz der Medici statt. Eines der Glanzlichter der Ausstellung war ein dreiundzwanzig Zentimeter hoher Terrakotta-Männertorso von Michelangelo auf einem hölzernen Sockel, in einem Glaskasten.

Der Torso war mir sofort vertraut. Mit meinem Blick folgte ich den von Muskeln, Sehnen, Fett und Haut gebildeten Erhebungen und Kuhlen, dem vorspringenden Bauch, den zwittrigen Hügeln der Brust, dem kühn geschwungenen Tal des Rückgrats, ich nahm das Harte wahr und das Weiche, das Herausgedrückte und das Eingezogene, das Kämpferische und das Nachgebende, das Befreite und das Gebückte. Ich setzte den Torso in Beziehung zu seinem Bildergefolge von florentinischen Renaissancemachthabern, den herausquellenden blauen Augen und Wüstlingslippen der Cosimos, den auftrumpfenden roten Waden Lorenzos, den spitzenumkränzten Jungfernwangen der Maddalena Strozzi, dem verhärmten und hochmütigen Gesicht der Cristina di Lorena. Ich sah die dem Torso beigesellten Allegorien und Schlachten und biblischen Szenen, Körper und wieder Körper, bloßes weißes wildes unbeherrschbares Fleisch.

Vor den Bildern und Glaskästen standen laut diskutierende Männer mit dicken Brillen und zwei Lagen abgetragener Pullover, Frauen in Stoffschuhen, mit rostigen Klammern im Haar, picklige junge Männer und Studentinnen in Miniröcken mit Rucksacktäschchen aus Kunstleder. Ich versuchte, den Torso mit ihren Augen zu sehen. Ich versuchte, ihn von den eleganten Buddhas und erhabenen Landschaften her zu sehen, die ich kennengelernt hatte. Ich versuchte, die Gewohnheit abzuschütteln, die Schulung abzuschütteln, mir diesen Torso fremd zu machen. Ich sah, daß dieser Torso, umringt von den Emblemen der Macht, der Dauer, der Unbesiegbarkeit, ein monströser Körper war, besessen von Tod und Verwesung und Untergang. Ich sah diesen kleinen tönernen Torso im Shanghai Museum *genau*. Und ich erkannte, daß das, was

Kunstgenuß genannt wird, nur an dieser Grenze zu haben ist, wo Vertrautheit an Widerwillen grenzt, wo man für einen Moment die Freiheit gewinnt, mit anderen eigenen Augen zu sehen.

Man durchquert die Empfangshalle eines etwa dreißig-
stöckigen Hotels und gelangt mit dem Aufzug in den
dritten Stock. Wenn man den Aufzug verläßt, glaubt man
sich im Keller, denn es sind nirgends Fenster zu sehen. Ein
goldener, metallisch glänzender Buddha mit Blumenge-
stecken links und rechts sitzt neben dem Aufzug im Gang.
Ein Empfangsfräulein im Qipao steht neben dem Eingang
zur Bar an einem Pult, auf dem ein aufgeschlagenes Heft
liegt. Das Empfangsfräulein lächelt und zeigt sein langes
Bein im Schlitz des Qipaos, während es etwas in das Heft
einträgt. Dann weist es mit einladender Geste auf die offene Tür. Im Innern herrscht schummriges Licht, und
große braune Sessel stehen um kleine Tischchen herum.
Die Tischchen sehen aus wie die Tischchen in Pariser
Bistros. Hier sind sie allerdings – Platte, Bein und ge-
schwungener Fuß – vollständig aus Marmor. In der Mitte
des Raums zieht sich ein viereckiger Tresen mit Barhok-
kern um den Ausschank. Über dem Tresen hängen zahllose Weingläser wie Glasglocken von der Decke. Hinter
gläsernen Wänden sind Flaschen aller Getränkemarken
der Welt ausgestellt. Auf den Barhockern sitzt niemand.
Zwischen den Barhockern stehen Mädchen in Tennisröck-
chen, Hände sittsam hinterm Rücken verschränkt. Sobald
man sich gesetzt hat, eilt eines von ihnen auf leisen Ten-
nissohlen herbei, um die Karte zu bringen. Man mag diese
Mädchen auf chinesisch ansprechen – sie antworten in

jedem Fall auf englisch. Ein Glas Bier kostet soviel wie ein ganzes Abendessen anderswo. Man bestellt, und sofort stehen die Getränke vor einem. Auf dem Tischchen ist ein blau-weißes Gefäß, in Form und Dekor einer Ming-Schale nachempfunden, mit gesalzenen amerikanischen Erdnüssen gefüllt. An der Wand hängt ein Ölgemälde, das eine Ansicht Venedigs im Stil Canalettos zeigt. Über den ganzen Raum verteilt hängen Fernsehapparate von der Decke, auf denen man abwechselnd ein Golfturnier in Pakistan und ein Autorennen auf dem Hockenheimring verfolgen kann. Auf einer Bühne, deren Prospekt wie ein Plattencover der sechziger Jahre aussieht, spielt eine chinesische Band amerikanischen Jazz aus den vierziger Jahren. Das Publikum besteht aus hünenhaften blonden jungen Männern, die Jeans, karierte Hemden, Turnschuhe und Geldgürtel tragen und australisch oder norwegisch reden. Es gibt auch eine Gruppe asiatischer Gäste, die Männer in schwarzen Anzügen, die Frauen in tief ausgeschnittenen Kleidern. Ein Mann dieser Gruppe filmt die Band mit einer Videokamera. Sobald ein Glas zur Hälfte ausgetrunken ist, erscheint eines der Tennismädchen, leert, auch wenn gar nichts drin ist, den Aschenbecher, füllt die Erdnußschale auf und fragt, ob man noch etwas zu trinken wünscht. Zu den vier Instrumentalisten auf der Bühne gesellt sich zu fortgeschrittener Stunde ein Sänger von kindlicher Zierlichkeit, in hautengen Hosen, mit Punkfrisur und Hornbrille. Sich schlangengleich vor dem Mikrofon hin und her windend, singt er mit der rauchigen Stimme von Billie Holiday: *Lost in a Masquerade.*

Ich bin in Deutschland. Es ist Nacht. Zugedeckt bis zum Kinn liege ich im Bett. Ein Geräusch weckt mich. Meine Mutter kommt aus dem Bad. Ich frage, was los sei. Sie setzt sich zu mir ans Bett und sagt, ihr Bein habe ein biß-chen weh getan. Ich frage, was mit ihrem Bein los sei. Sie erklärt mir, es sei abgestorben. Ich bin entsetzt. Wie kann man mit einem abgestorbenen Bein leben? Sie erklärt mir, die meisten Leute hätten abgestorbene Beine oder Arme oder sonstige abgestorbene Körperteile. Ob ich es denn noch nicht bemerkt hätte? Ich solle nur einmal herumfra-gen. Im Lauf der Zeit passiere das eben. Es sei ganz natür-lich. Ich brauchte keine Angst zu haben. Die medizinische Technik sei so weit fortgeschritten, daß mit Einschrän-kungen im täglichen Leben kaum zu rechnen sei. Es tue ab und zu ein bißchen weh, aber wirklich nur ein bißchen. Das sei alles. Sie streicht mir sanft mit der Hand über die Stirn. Sie lächelt.

»Die Welt gehört allen«, schrieb Sun Yat-sen. Das war vielleicht zu ungenau formuliert. Den europäischen Handelsherren, die in der Stadt lebten, verdarb es jedenfalls nicht den Spaß. »Nach Shanghai kommt man, um Geld zu verdienen«, schrieb Vicki Baum rund ein Jahrzehnt später in ihrem berühmten Shanghai-Roman. Ein weiteres Jahrzehnt später wurden die Opiumhändler entmachtet, die Prostituierten umgezogen, die ausländischen Konzessionen geräumt, die ausländischen Schiffe vertrieben. Die Shanghaier bekamen ihre Stadt zurück. Dörfliche Stille zog ein, und es kam die lange Zeit des Darbens und Sich-Plagens.

Seit kurzem kommt man wieder nach Shanghai, um Geld zu verdienen. Die ausländischen Schiffe sind wieder da und Flugzeuge und Handelsniederlassungen und Prostituierte und bestimmt auch Opiumhändler. Auch die Frage, wem die Welt gehören soll, wird wieder gestellt. Man versteht sie als Frage der Verteilung von Märkten und Kapital.

An einer großen Kreuzung am östlichen Rand des Volksplatzes, dort, wo sich einst die Engländer zum Pferderennen trafen, wo sich heute der motorisierte Verkehr auf mehreren Spuren lärmend entlangquält, wo internationale Konzerne ihre Produkte auf einer gigantischen, triumphbogenähnlichen Videowand anpreisen, wo sich ein Geschäft ans andere reiht, wo zu fast jeder Tages- und

Nachtzeit Tausende von Menschen unterwegs sind, auf Busse warten, die Treppen zum unterirdischen Einkaufszentrum oder zur U-Bahn hinauf- und hinabeilen, sich aus Kinos und Restaurants ins Freie ergießen, in Handys schreien, Taxis winken, Brieftaschen stehlen, Wasserkanister ausliefern, Sesamkuchen und *jiaozi* feilbieten oder auf der Suche nach Arbeit herumstreunen – dort also, wo das Herz der Stadt am lautesten und aufgeregtesten schlägt, hängen, an Bambusstangen zwischen zwei Strommasten knapp über Kopfhöhe aufgespannt, ein paar Männerunterhosen zum Trocknen.

Menschen aus dem Westen, mit diesem Faktum konfrontiert, kommentieren es mit weltläufiger Häme und kaum verhohlenem Ekel. Gern sprechen wir von Urbanität, an der es dieser Stadt mangle, und wenden uns hoffnungsvoll den kühlen Fassaden der neuen Hochhäuser im Westen des Volksplatzes zu, die besser als die engen und dunklen alten Quartiere zu einer Stadt passen, wie wir uns eine Stadt vorstellen. An den Fassaden hängen die Riesentransparente der Maklerfirma. Noch immer steht ein großer Teil dieser Häuser leer, weil sich Normalverdiener die geforderten Mieten nicht leisten können.

Jene, die mitten im unerträglichen Lärm und Dreck des modernen Verkehrs auf die alte dörfliche Weise leben, müssen auf einem Auge blind sein; sie hängen ihre Wäsche dort auf, wo längst keine Wäsche mehr aufgehängt werden kann, sie leben an einem Ort, der zum Wohnen nicht mehr geeignet ist. Wir aber sind blind auf dem anderen; wir sehen die Fassaden von Häusern und glauben, es handle sich um Orte zum Wohnen, wo es längst nur noch um Objekte zum Spekulieren, Gelegenheiten zum Geldverdienen geht. Gelänge es, mit beiden Augen zu *sehen*, würde man vielleicht weniger über Unterhosen nachdenken als darüber, was Sun Yat-sen damals gemeint hat.

VERGÄNGLICHKEIT

Auf meinem täglichen Weg zog eines Tages ein ärmlich gekleideter Mann mit der sonnenverbrannten Haut der Landbewohner meine Aufmerksamkeit auf sich. In der Hand hielt er dünne Stöcke, auf denen etwa fingerlange, aus frischen Grashalmen gefertigte Grillen und Libellen, Heuschrecken, Gottesanbeterinnen und Schmetterlinge steckten. Ich hatte schon von dieser volkstümlichen Kunst gehört, deren Produkte nicht länger haltbar sind als ein, zwei Tage – bis der Saft in den Halmen trocknet und sie welk und braun und schrumpelig geworden sind –, doch war ich einen Moment atemlos vor Überraschung, als ich im Vorübergehen die ungeheuer lebendig wirkenden Tierchen erblickte. Ich sah flache, dreieckige Köpfe, Panzer, sirrende Flügel, abgewinkelte, zum Springen bereite Beine, lange Stacheln, spitze Zangen, verletzliche Fühler, ich sah gewickelte, geknotete, geschnittene, geknickte, gefaltete Halme in allen Schattierungen von Grün.

Es war Mittag. Die Straße war voller hupender Busse und klingelnder Fahrräder, der Bürgersteig voller Leute, die wie ich Hunger hatten und zum Essen strebten. Ich blieb nicht stehen. Ich beugte mich nicht zu dem Mann hinunter, der auf seinen Fersen oder auf einem kleinen Hocker saß und feilbot, was er selbst für völlig bedeutungslos halten mochte, eine Spielerei für Kinder, sonst nichts. Peinlich standen mir meine mangelnden Sprachkenntnisse vor Augen, die Mühe der Kaufverhandlung. Doch von der Minute des Heimkommens an wartete ich ungeduldig auf den nächsten Tag. Ich rief mir die zarte Anmut jener künstlichen Gebilde ins Gedächtnis, ihre Schönheit, die die Vergänglichkeit des Frühlingsgrases, das flüchtige und flirrende Dasein ihrer natürlichen Modelle erfahren läßt. Ich nahm mir vor, den Mann, der sie verkauft und gemacht hatte, genauer zu betrachten und mehr über ihn zu erfahren. Ich wollte alles kaufen, was er zu geben hatte. Doch vergeblich hielt ich am nächsten Tag mein Geld bereit. Der Mann war nicht mehr da und kam nie wieder.

Daß es keine Ampeln gebe, gehört zu den Märchen, die über den Verkehr in Shanghai im Umlauf sind. Doch, es gibt Ampeln, und sie funktionieren ausgezeichnet! Nur haben sie wenig mit der Regelung des Verkehrs zu tun. Es scheint nämlich, daß die Menschen hier noch nicht so weit sind, den ferngesteuerten Automaten mehr zuzutrauen als sich selbst. Deshalb kommt die Polizei den Ampeln zu Hilfe.

In der Mitte der Kreuzung steht ein rot-weiß gestreiftes Podest, auf dem gerade ein Mann Platz hat. Im Sommer und bei Regen ist ein Schirm über ihm aufgespannt. Der Mann trägt die gewöhnliche olivgrüne Polizeiuniform, ein weißes Koppel, in dem das Funkgerät steckt, weiße Handschuhe. Er hat soldatisches Training absolviert, das ist leicht zu erkennen. Bei den Drehungen, die er voll-führt, hört man den trockenen Ton zusammenschlagender Hacken. Keinen Augenblick erlaubt er sich, die Schultern hängen zu lassen oder in der Hüfte einzusinken. Die Hän-de werden genau in Brusthöhe zusammengeführt, der ge-streckte Arm wird im exakten Winkel zur Seite geführt. Doch je länger der Polizist seine Arbeit tut, desto gelasse-ner, desto ausdrucksvoller werden seine Bewegungen. Der militärische Drill ordnet sich immer mehr den Erforder-nissen der Bühne unter, auf der er hier steht.

Warnend oder ermunternd, schulmeisterlich oder schmeichelnd heben und senken sich die Arme. Bittend, beschwörend wird der Strom der Fahrzeuge mit erhobener Hand in Schach gehalten. Die behandschuhten Finger kleben nicht stumpf aneinander, sondern bewegen sich leicht und graziös wie die Federn eines Vogelflügels in der Luft. Pirouetten werden ausgeführt, zum Trommelwirbel des Verkehrslärms. Die Trillerpfeife fordert nicht eintönig zum zügigen Vorbeifahren auf, sondern wendet sich gezielt an einzelne ungeschickte, verwirrte, renitente Verkehrsteilnehmer, um sie gellend ins theatralische Gesamtgeschehen zurückzuführen.

Ab und zu muß auch ein Star seine Darbietung unterbrechen. Jemand geht einfach zu ihm hin und fragt nach dem Weg oder wo der Bus Nummer soundsoviel abfährt. Dann beugt er sich mit einem Ohr hinab und gibt pflichtschuldig Antwort, bis das ohrenbetäubende Sympathiegehupe ringsum ihn davon überzeugt, daß das Publikum nicht länger ohne ihn auskommt. Oder er winkt ein Auto, das er mit Adlerblick in der dröhnenden Masse der Dahinziehenden ausgemacht hat, an den Straßenrand, um die Papiere zu überprüfen. Man gönnt ihm die Pause! Doch glücklicherweise trennt er sich nach kurzem Wortwechsel auch schon wieder von dem vor Ehrfurcht kleinlaut gewordenen Fahrer, salutiert knapp und elegant und erklimmt mit federndem Sprung erneut die Bühne. Mir aber, seiner ungeduldigen Zuschauerin, kommt nichts absurder vor als die Ampeln, die im Hintergrund blinken wie die schläfrigen Augen einer alten Gouvernante.

Der Taxifahrer in Peking schimpft auf die Shanghaier. Schmutzig und geldgierig seien sie, hochnäsig und geizig, und ihre Sprache sei – er sucht nach einem möglichst beleidigenden Ausdruck – wie Vogelgezwitscher. Tatsächlich hört sich das *Shanghaihua* mit seinen vielen kurzen Vokalen und Zischlauten hart und unmelodiös an, es ist keine Sprache, die ins Ohr geht, und auch wenn man als Ausländer des Hochchinesischen mächtig ist (ich bin es nicht!), erfährt man bald, daß einem hier immer eine ganze Welt verschlossen bleiben wird.

Ich verstehe nicht, worüber sich die Arbeiter am Nebentisch unterhalten, was das Kind auf dem Fahrradsitz so begeistert seinem Vater erzählt, was der Mann hinter mir im Bus in sein Handy schreit, was die Frauen mit den großen Strohhüten, die das Unkraut jäten, sich mitzuteilen haben, worüber die Studenten tuscheln, die Marktfrau klagt. Ich bin frustriert. Ich ärgere mich jeden Tag über meine Sprachlosigkeit und das, was mir durch sie entgeht.

Ein Bild, das ich in einem Buch finde, spendet Trost und neue Erkenntnis. Gemalt hat es der große Zhu Da, der Anfang des 17. Jahrhunderts in Nanchang, südlich des Jangtse, geboren wurde.

Das Original ist ein Meter acht hoch und achtundvierzig Zentimeter breit, der Grund ist gelbliches, hier und da verflecktes Papier. Oben rechts befinden sich Signatur und zwei Stempel. Im oberen linken Drittel sieht man einige verwischte schwarze Flecken und dicke Striche und zwei, drei mit nassem Pinsel hingeworfene Umrißlinien. Ein fast kahler, überhängender Fels ist dargestellt, auf dem ein kleiner Vogel mit gesträubten Federn und geöffnetem Schnabel sitzt. Im rechten unteren Drittel des Bildes sieht man wieder Felsen, mit dem gleichen flüchtigen und sicheren Pinsel skizzenhaft gezeichnet, die diesmal ein ragendes Steilufer bilden, darüber ein Fisch mit gezacktem Schwanz und feinen, fedrigen Flossen am Bauch. Der Blick des Fisches ist nach oben gerichtet, so daß der Eindruck entsteht, er lausche ruhig und aufmerksam dem lärmenden Vogel hoch über ihm.

Durch winzige Einzelheiten – die angestrengt vorgebeugte Haltung des Vogels, der Schnabel, der an einen scheltenden und zeternden Menschenmund erinnert, das fast lächelnde geschlossene Maul des Fisches, sein großes, rundes, komisch-treuherziges Auge mit der nach oben gerollten Pupille – wird ein größtmöglicher Kontrast hergestellt; zwischen der oberen Welt und der unteren, der Welt der Luft und der Welt des Wassers, der Welt der Handelnden und der Welt der Leidenden, der Welt des Redens und der Welt des Schweigens, der Empfänglichkeit, der Geduld. Betrachtet man das Bild auf dieser Ebene, »inhaltlich«, so ist der Widerspruch zwischen beiden Polen, Fisch und Vogel, in ihrer grotesken (und doch vollkommen natürlichen) Gestalt unauflöslich. Achtet man jedoch auf die Vielzahl der angedeuteten Perspektiven, läßt man sich ein auf das entschieden Nicht-Illusionäre der Darstellung, die kühne Abstraktion, so erschließt sich wuchtig das sublime Gleichgewicht, das dieses Bild so tief und so lebendig macht.

Zhu Da galt als überspannt, exzentrisch, krank. Seine Bilder signierte er gern mit dem Namen *lü* (Esel). Nach der Übernahme des Kaiserthrons durch die Mandschus und dem Selbstmord des letzten Ming-Kaisers (dessen Sippe er angehörte) beschloß er, nicht mehr zu sprechen und fortan als wandernder Mönch das Land zu durchstreifen. So will es die Legende. Offenbar traute man nur einem Sprachlosen jene Einsichten in das Wesen der Sprache und der menschlichen Kommunikation zu, die in seinen Bildern zu finden sind.

Schon lange weiß man hierzulande, daß das Paradies im Westen liegt. Aber seit man die Klassiker nicht mehr liest, sondern lieber Marketinghandbücher, Kosmetikratgeber und das jeweilige Buch zum allerneuesten Hollywoodhit, weiß man nicht mehr, was im Westen (und auf dem Weg dorthin) wirklich los ist: daß es dort manchmal so kalt ist, daß die Flüsse gefrieren, daß es ausweglose Wälder und blind machende Winde gibt und dunkle Höhlen mit heruntergekommenen Berggeistern und Länder, in denen nur Frauen wohnen. Keinem kann man trauen, weil jeder noch so gewöhnlich aussehende Mensch sich in Null Komma nichts in einen mordlüsternen Ochsenkopfdämon verwandeln kann, und überhaupt ist alles von Monstern bevölkert, die Menschenfleisch essen und Kinderblut trinken, und es gibt viele senile Götter und korrupte Könige, falsche Buddhas und dumme Daoisten, sinnverwirrende Teufelinnen mit Fingern, so zart wie Frühlingszwiebeln, Rhinozerosgeister, Skorpiongeister, beleidigte und rachsüchtige Schildkröten, Leute, die eigentlich Wanzen oder Feuerwolken sind und beim ehrlichen Zweikampf zu den gemeinsten Tricks greifen, und alle möglichen sonstigen Dämonen und Barbaren. Treulich berichten von alldem die hundert Kapitel der *Reise in den Westen*, verfaßt bzw. aus früheren, meist mündlich überlieferten Fassungen kompiliert in der Mitte des 16. Jahrhunderts von Wu Cheng'en. Die Helden des Buches, ein heiliger, doch ziemlich weinerlicher und unfähiger Mönch und seine beiden glorreichen Gehilfen Sun Wukong und Zhu Bajie, ein Affe und ein Schwein, zeigen als beispielhafte Kämpfer und listige Ratgeber, wie man sich aus dem Westen Sachen holt, die man braucht, um in der Welt den Anschluß zu behalten, die westlichen Dämonen in die Pfanne haut und dabei noch unsterblich wird.

Dies bedenkend, fragt man sich, ob es eigentlich stimmt, daß die Klassiker nicht mehr gelesen werden.

Ich mag die bunten Windräder für Kinder. Es sind kleine Kreise aus rundgebogenen Bambusspänen mit einer Nabe aus Draht in einem Papierröllchen. Die Speichen bestehen aus dünnen, vielfarbigen, wie gebatikten Papierstreifen. Sie drehen sich an einem Bambusstäbchen, an dessen Spitze oft noch ein kleineres Windrad befestigt ist oder ein rotes Fähnchen aus Papier. Erst als ich einmal einen fliegenden Händler vor dem Jadebuddhatempel sah, der diese Windräder zusammen mit anderen Devotionalien verkaufte, wurde mir klar, daß es sich um ein altes und ehrwürdiges buddhistisches Symbol handelt, das Rad der Wiedergeburt vorstellend, das ewige Auf und Ab von Ursache und Wirkung in der bedingten Existenz, den Leidenskreis der Zeitlichkeit. Daraus haben die Chinesen ein Spielzeug gemacht.

Der Stadtteil Xujiahui ist nach Xu Guangqi benannt, einem berühmten Gelehrten der späten Ming-Zeit. Sein bronzenes Abbild mit Buch und Astrolabium befindet sich an der Caoxi Lu gegenüber dem Jiangguo-Hotel, wo man in der toten Saison mit Hilfe von allerlei rot-weißem Tand und einem Schriftzug aus mannshohen silbernen Lettern zahlungskräftige Gäste anzulocken versucht: MERRY CHRISTMAS.

Xu Guangqi konvertierte zum christlichen Glauben. Er war Schüler und Freund des großen Jesuiten Matteo Ricci, der 1583 China erreicht hatte und aufgrund seiner umfangreichen Kenntnisse in den Wissenschaften – namentlich der Astronomie und des Kalendermachens, der Mathematik, Geographie und Hydraulik – bei den Gelehrten des Hofes bald Anerkennung und Aufnahme fand. Nach Xu Guangqis Tod erwarb die jesuitische Mission Land aus seinem Familienbesitz, später wurde die dem hl. Ignatius von Loyola geweihte Kathedrale darauf erbaut. 1848 entstand ein katholisches Zentrum mit Waisenhaus, Gewerbeschule (in der die Zöglinge u. a. lernten, Madonnen in italienischem Stil zu malen), Bibliothek, meteorologischem Observatorium und einer Druckerei. Was ist aus all diesen Gebäuden und Projekten geworden? Was ist übriggeblieben von der anspruchsvollen jesuitischen Verbindung des geistlichen Lebens mit dem geistigen?

Der Umkreis der bescheiden wirkenden neugotischen

roten Backsteinkirche mit den zwei erneuerten spitzen Türmen – während der Kulturrevolution waren sie abgehackt worden – ist von Baulärm erfüllt, nebenan entsteht ein Hochhauskomplex, dessen vorspringende Seitenfront durch schmale, hohe, weiß abgesetzte Fenster gegliedert ist. Der Architekt zeigt, daß er mit den Stilelementen des Gotteshauses generös zu spielen versteht. Es ist, als würde sich der neue Bau mit falschem Lächeln noch einmal herunterbeugen zu seiner betagten Nachbarin, bevor er sich zu seiner ganzen erdrückenden Riesengröße aufschwingt.

Über den drei vorderen Portalen der Kirche wachen Statuen bärtiger Kirchenmänner aus Stein. Im Innern steht Maria mit blauem Mantel und schwarzhaarigem Kind steif und still auf dem Tabernakel des Hochaltars. An der Chorwand hängt eine kunstlos ausgeführte Kopie von Leonardos *Abendmahl* mit vielen blonden Aposteln, die sich um einen wenig ansprechenden Eßtisch versammelt haben. An den schön gearbeiteten Steinsäulen sind elektrische Ventilatoren angebracht. Da man sie im Winter nicht braucht, hat man ihnen adrette blaue Plastikhäubchen übergezogen. Zwischen den Säulen stehen Spucknäpfe mit rosa Blumendekor. Die dunkel lackierten Bänke im Hauptschiff ähneln Schulbänken. In den Seitenkapellen stehen Betstühle, manche mit Schnitzereien verziert und mit Kissen für die Knie. Bunte Bilder stellen Maria und Joseph auf der Flucht, das leere Grab mit Joseph von Arimatäa und andere einschlägige Szenen dar. Auf einem dieser Gemälde sieht man in einem Meer voll wilder, schaumgekrönter Wellen den in ihnen versinkenden blonden ungläubigen Thomas, der sich verzweifelt an seinen

Herrn klammert. Hinter ihm drei weitere Apostel in einem Boot. Das blaßrote Segel flattert über ihren Köpfen wie eine Fahne. Parallel zur Fahnenstange bzw. zum Mast hat einer der Männer den rechten Arm hochgestreckt und die nervige Hand zur Faust geballt wie ein heroischer Kämpfer auf den linientreuen Jubelbildern der sechziger Jahre. Das Pathos dieser Geste wird durch die ängstlichen Mienen der Apostel und ihre erschrockenen Blicke Lügen gestraft, mit denen sie den mühelos menschlichen Kleinmut sowie die Gesetze der Physik überwindenden Christus in leuchtendrotem Gewand auf seinem Weg übers Wasser verfolgen. In der nächsten Kapelle verwahrt man allerlei Kisten und Utensilien, mitten im Durcheinander ein ausrangierter Heiliger mit blutendem Herzen und segnend ausgebreiteten Armen. Im Seitenschiff ist auf einem zerklüfteten Gebirge aus braunem Packpapier die Krippe aufgebaut. Über Palmen und Blumen, einem echten Orangenbäumchen und zwei Plastiktannen, der heiligen Familie mit Schafen und Hirten und der Offering Box schweben weißgekleidete, schön frisierte barfüßige Barbiepuppen, die chinesisch beschriftete Spruchbänder durch die Luft flattern lassen. Eine alte Frau kniet in der vorderen Bank, laut betend.

Hinter dem Hochaltar, in einer bis auf etliche versprengte Barbiepuppen völlig kahlen vergitterten Kapelle entdecke ich einen mit weißem Plastik bedeckten sargähnlichen Kasten. Liegt hier Xu Guangqi begraben, wie ich es in einem alten Buch gelesen habe, oder befindet sich sein Grab, einer englischsprachigen Informationstafel zufolge, in einem kleinen, nach ihm benannten Park, nicht weit von der Kirche entfernt? Umgeben von stillem Wasser und Bambus spielen dort in einem zugigen Betonpavillon ein paar alte Männer *weiqi*. Als ich vorbeikomme, heben sie die Köpfe und betrachten mich gleichmütig und schweigend.

»Im Zeitalter der höchsten Tugend war man in seinen Bewegungen schwerfällig, in seinen Blicken stetig«, heißt es
im Buch *Zhuangzi*. »In jener Zeit gab es keine Wege über
die Berge, keine Boote und Brücken, die Ströme zu überqueren. Die Zehntausend Wesenheiten wuchsen in Massen heran, jedes in seiner Sphäre.«

Doch bald ist die Selbstgenügsamkeit des ursprüng-
lichen Lebens dahin. Die Blicke werden begehrlich. Unruhe greift um sich. Entfernungen gelten nichts mehr,
Grenzen sind überwindbar. Die Ufer der Flüsse werden
miteinander verbunden, dann auch Länder, Meere, Konti-
nente. Die Zehntausend Wesenheiten aber finden keinen
Ort mehr, wo sie sich in Ruhe entfalten können, und zer-
streuen sich in alle Winde.

Auf der Yangpu-Brücke erfährt man die neue Zeit als
Bewegung. Unten die tutenden Frachter, die von Meeren
und Flüssen hereinkommen, Schlepper mit schäumendem
Kielwasser, schaukelnde Lastkähne, zu langen Pulks zu-
sammengebunden. Am Ufer die Kräne, klein wie Spiel-
steine, die über den Bäuchen der wartenden Schiffe ihre
Arme schwenken, flatternde Wäsche auf einem Heck, ein
gelber Hund, der sich gähnend streckt, Taue, die ins Wasser klatschen, winzig, wie Stecknadeln, Matrosen, die auf
schmalen Planken balancieren ... Darüber der donnernde
Strom der Fahrzeuge, mit Säcken, Kisten, Kanistern, Con-
tainern bepackt, auf dem Weg zu Lagerhallen, Fabriken,

Märkten. Die Stadt, die bis vor ein paar Jahren nicht über den Fluß hinausgriff, dehnt sich nun zu beiden Seiten der glitzernden Schlange lückenlos bis zum Horizont. Am Himmel wälzen sich Wolken, vom Sturm getrieben, in riesigen Batzen und Ballen dahin. Der Boden unter den Füßen bebt. Mit den Stahltrossen, an denen sie hängt, scheint die Brücke selbst zu schwanken.

Auf der Yangpu-Brücke erfaßt mich die alles verbindende, alles zerstreuende Bewegung der Zeit als Schwindel. Unendlich dehnen sich alle Richtungen vor mir aus; Entfernungen verschwimmen; die Zehntausend Wesenheiten wirbeln um mich herum wie Sandkörner, und ich bin mitten unter ihnen, herausgerissen aus meiner Sphäre, ankerlos, sprachlos, taub.

Das führt mich zu Zhuangzi zurück, dem (je nach Übersetzer) »Betäubung«, »Erschöpfung«, »Verwirrung«, »Von-Sinnen-Geraten« oder »Torheit« als Voraussetzung galt, das Dao zu erlangen. Von selbst kehren dann die Zehntausend Wesenheiten zu ihrer Wurzel zurück und blühen absichtslos, nach ihrer Natur. Welcher Ort aber wäre geeigneter als die große Brücke, wo alles kommt und geht und niemand bleiben kann, weder hier noch dort, ein Reich des Dazwischen, um in der Raserei der Zeit den Stillstand zu entdecken, die »große Versunkenheit«, die mit jenem berühmten Gebot des Daoismus gemeint ist: »Werde leer! Werde nichts!«

Sehr geehrter Verlag der Hochschule für Sprache und Kultur!

Nach Lektüre des von Ihnen vor wenigen Jahren in Peking publizierten Werkes über die *Entwicklung der chinesischen Schrift am Beispiel von 500 Schriftzeichen* wende ich mich heute an Sie mit der Bitte, mir in einem äußerst wichtigen Punkt Gehör zu schenken, obwohl ich mich mit dem hochverehrten Autor des Buches, was natürliche Geistesgaben und wissenschaftliche Durchdringungskraft sowie die Kenntnis der Geschichte unserer ehrwürdigen Schrift betrifft, selbstverständlich nicht im entferntesten messen kann. In meiner unentschuldbaren Dummheit und Rückständigkeit drängt es mich dennoch, ihm in einem einzigen Punkt (Seite 242) zu widersprechen.

Der ausländische Gelehrte Marcel Granet schreibt, unsere Schrift sei keine Sammlung von Bilderrätseln – doch habe sie schon in frühester Zeit als eine solche gewirkt. Wie Priester aus den Sprüngen der Knochen und Tierpanzer beim Orakel zogen unsere ersten Denker aus den Bestandteilen einzelner Begriffszeichen, die sie gegenständlich auffaßten, die Anregungen zu ihrer Deutung, ihrem Gebrauch. Die von Menschen geschaffenen Zeichen wirkten wie übermenschliche Weisungen herrisch auf sie zurück. Ich weiß nicht, ob ich die Gedanken dieses Autors richtig verstanden habe, aber ich bin nach langem Nachdenken zu dem Schluß gekommen, daß er recht hat. In dem von Ihrem ruhmreichen Haus veröffentlichten Werk finde ich nun unter dem Zeichen 女 (*nü*) das Bild eines auf einem geflochtenen Bettvorleger knienden Mädchens mit zwei brezelartigen Zöpfen auf dem Kopf, in einem häßlichen altmodischen Kleid mit weiten Ärmeln, in denen die Hände des Mädchens züchtig versteckt sind. Ihr überaus weiser und tiefschürfender Autor, mit dem ich mich, dessen bin und bleibe ich mir bewußt, in keinster Weise messen kann, behauptet in dem kurzen Begleittext am Fuß der Seite, daß sich das Zeichen 女 (*nü*) aus besagtem Bild entwickelt habe. Diese Deutung bedarf nach meiner im übrigen völlig unerheblichen Meinung der gründlichen Bearbeitung!

Zur Untermauerung meiner Ansicht habe ich keine Mühe gescheut. Ich habe viele ausführliche Gespräche mit Mädchen und Frauen geführt, die Englisch sprechen und Chemie studieren und über die Wirkungsweise von Zementpumpen und die Tücken von Schneepflügen Bescheid wissen und dennoch auf Bettvorlegern knien müssen und Männer heiraten müssen, die sie nicht lieben, und ihnen Söhne gebären und den Befehlen ihrer Schwiegermütter gehorchen müssen, weil unsere Familien, was Mädchen und Frauen betrifft, immer noch nach der Weise des Konfuzius denken und nicht nach der Weise der Zeit, in der wir leben, und deshalb fühle ich mich berechtigt, Ihnen die folgende Alternative zur Deutung des Zeichens 女 (*nü*) zu unterbreiten: Die beiden von oben nach unten gezogenen Striche stellen den Körper eines Mädchens dar, das mit etwas zurückgebogenem Oberkörper in vorsichtiger Haltung ausschreitet. Der waagrechte Strich ist eine

Balancierstange, die das Mädchen mit sich führt. Daraus wird klar ersichtlich, daß es sich um eine Luftakrobatin handelt, die sich auf einem Drahtseil vorwärtsbewegt!

Diese in aller Bescheidenheit und ohne jeden Anspruch auf Beachtung von mir vorgebrachte neue Deutung des Zeichens 女 (*nü*) trägt den modernen Lebensumständen auf korrekte Weisung Rechnung. Entschließen Sie sich, sie zu veröffentlichen, so wird der das Zeichen 女 (*nü*) schreibende Mensch künftig nicht länger Mitleid und Verachtung empfinden, sondern es werden Erkenntnisse in ihm geweckt! Er wird etwas von den Entbehrungen und Entsagungen, den zerreißenden Widersprüchen begreifen, unter denen unsere heutigen Mädchen und Frauen leiden, und gleichzeitig wird Respekt in ihm aufsteigen, Ehrerbietung für ihr hohes Können, die Kraftleistungen und Gleichgewichtskunststücke, die sie in ihren Familien und Arbeitseinheiten täglich im stillen vollbringen.

Weiße und schwarze Katzen mögen – wie der allseits geliebte jüngst verstorbene Führer unseres Landes ausführte, dem wir die allseits begrüßte neue Richtung unserer Politik und unseres Denkens verdanken – gleichermaßen Mäuse fangen, aber wenn die Katze die Mäuse nicht fressen darf, die sie selber fängt, wird sie eines Tages ärgerlich! Es liegt mir, ich betone es nochmals, total fern, Ihrem unermüdlich zum Wohle unserer Sprache und Kultur sich abplagenden Autor ins Handwerk pfuschen zu wollen, aber wenn Sie daran interessiert sind, daß Ihr armseliges Machwerk der wissenschaftlichen Erkenntnis und dem revolutionären Fortschritt unseres Volkes dient und nicht nur dem Bau von Eselsbrücken für faule ausländische Sinologiestudenten, dann üben Sie Selbstkritik! Diskutieren Sie die Angelegenheit in Ihrem Leitungskollektiv! Verhindern Sie den Druck der nächsten Auflage! Gestalten Sie die Seite 242 nach meinem Vorschlag neu!

Mögen alle Ihre Wünsche in Erfüllung gehen:

Eine Leserin.

Was entgeht mir! Wieviel bleibt unbegriffen, mißverstanden, deutungslos! Wieviel entgleitet der Aufmerksamkeit, bleibt auch dem sprachmächtigen Ausländer noch verborgen! Hat man es in der Sprache nicht mit Zeichen als Vertretern von Gegenständen zu tun? Wenn aber Gegenstände als Vertreter von sprachlichen Zeichen fungieren?

Der Fisch (*yu*), den man zum Neujahrsfest ißt, den Kinder als Laterne tragen und als Drachen steigen lassen, der Glückwunschkarten und Türetiketten schmückt, vertritt das gleichlautende, anders geschriebene Zeichen, das »übrig haben«, »Überfluß« bedeutet und mit dem der Wunsch nach Reichtum ausgedrückt wird.

Die Dattel (*zao*), die von Braut und Bräutigam bei der Hochzeit verspeist wird, steht für ein gleichlautendes, anders geschriebenes Zeichen, das »früh«, in der Verdoppelung »so früh wie möglich« bedeutet und die Hoffnung auf baldigen Kindersegen enthält.

Den Neujahrskuchen aus Reismehl (*gao*) ißt man deshalb, weil man durch das gleichlautende, anders geschriebene Zeichen »groß«, »hoch« den Wunsch nach beruflichem und gesellschaftlichem Vorwärtskommen andeutet.

Wie viele Dinge des täglichen Umgangs sind Bestandteile solcher gegenständlicher Wortspiele? Wie groß ist die Lust der Zeichen, aus ihrer glanzlosen Vertreterrolle auszubrechen, um im eigenen Interesse zu wirken! Wie leicht schaltet das Chinesische zwischen Begrifflichem und Handgreiflichem hin und her, den täppischen Fremden aufs Glatteis führend! Wie oft stößt man an sprachliche Grenzen und erfährt, daß es die Grenzen einer Welt sind!

Das Lokal besteht aus zwei fensterlosen Räumen, beide zur Straße hin offen, Gastraum und Küche. Auf dem Bürgersteig ein Kästchen mit Schubladen, die Kasse. Außerdem ein dreibeiniger Dämpfer aus Blech und auf einem mit Kohle beheizten Ofen der große Kessel zum Kochen der Nudeln. Ein Mädchen, mürrisch, in kurzen Hosen und Plastikschlappen, mit schmuddeliger Bluse, fungiert als Kellnerin. Rechts an der Wand klebt ein Schild aus roter Pappe, darauf stehen, mit schwarzem Filzstift geschrieben, Gerichte und Preise. Zehn bis zwölf wacklige und von Essig und Sojasauce klebrige Campingtische mit Hockern füllen den Raum aus. Alle sind besetzt, zumeist von jungen Männern, Studenten der nahe gelegenen Universität und Arbeitern der umliegenden kleinen Autowerkstätten. An der hinteren Wand eine elektrische Uhr, darunter ein Farbfernseher. Es laufen Actionvideos aus Hongkong. Die Kellnerin schlurft im Gang zwischen den Tischen auf und ab und ruft die bestellten Gerichte aus. Sie hat Mühe, sie dort abzuliefern, wo sie bestellt wurden, denn gefesselt vom Lärm der Bilder, scheinen sich die Gäste der eigenen Wünsche bald kaum noch zu entsinnen.

Die Küche ist ebenso lang wie der Gastraum, aber nur etwa anderthalb Meter breit. Wände und Decke sind schwarz verräuchert. Säcke mit Mehl sind aufgestapelt. Zwei Männer bereiten die Speisen zu. Einer von ihnen hackt im dunklen hinteren Teil des Raumes Gemüse, das anschließend auf einem der Gaskocher mit zwei Flammen oder im Dämpfer gegart wird. Vorn wirkt der Nudelmacher, ein stämmiger Mann mit dunklem, schweißglänzendem Gesicht. Er trägt eine weiße Mütze, ein schmutzigweißes, verschwitztes ärmelloses Unterhemd. Auf dem Tisch vor ihm warten etliche Klumpen gelblichen, zähen Teigs. Er mehlt die Platte, nimmt einen Klumpen und walkt ihn mit beiden Fäusten. Er formt ihn zu einer Rolle, nimmt die Rolle in beide Hände und zieht sie, indem er sie kreisend durch die Luft schlägt, in die Länge. Er halbiert den langen Strang, indem er die Enden vom Handgelenk herabbaumeln und sich rasch umeinanderringeln läßt, längt ihn wieder, halbiert ihn, wirft ihn wieder klatschend auf den Tisch, um ihn mit Fäusten zu traktieren, mehlt die Platte, formt eine Rolle, die er in der Luft wieder mehrmals in die Länge zieht und halbiert. Endlich ist der Teig geschmeidig genug, die Rolle wird in mehrere kleinere Rollen geteilt, jede davon mit atemberaubender Schnelligkeit durch die Luft geschleudert und langgezogen. Diesmal jedoch entstehen bei dem Vorgang mit Hilfe aller Finger beider Hände die langen, sehr dünnen Nudeln, die sofort ins dampfende Wasser geworfen und gekocht werden.

Hier Blut und Eisen, Geschrei, Mord und Rache, dort der Tanz der Hände mit dem kreisenden und wirbelnden, sich widersetzenden, sich fügenden Teig. Dazwischen eine große braune Kakerlake, die ohne Eile die Wand hochklettert.

Danksagung

Während meines Aufenthalts in Shanghai lernte ich viele Leute kennen, die mich unterstützten und belehrten und mich auf manches aufmerksam machten, was ich, allein auf mich gestellt, nicht gesehen hätte. Es seien hier nur einige Namen genannt: Birgit Eckmann, Claudia Fecke, Nina Richter, Ursula Saarbeck, Tang Min, Yang Yihui, Zhang Qi. Wieviel ich ihnen verdanke, ist mir bewußt.

Zitiert wurde aus folgenden Werken:

Wolfgang Bauer, *China und die Hoffnung auf Glück*, München 1971.

Vicki Baum, *Hotel Shanghai*, Köln, Berlin 1965.

Lu Xun, *Werke in sechs Bänden*, hg. von Wolfgang Kubin, Zürich 1994.

Jessica Rawson (Hg.), *The British Museum Book of Chinese Art*, New York 1993.

Tschuang-Tse, *Reden und Gleichnisse*, Zürich 1951.

Wu Cheng'en, *Journey to the West*, Peking 1990.

Susanne Röckel

ESCHENHAIN

Roman, 1997, 208 Seiten, gebunden

Susanne Röckel erforscht die Geschichte eines Hauses und
der Menschen, die darin wohnen, daraus flüchten, real
oder imaginär, und wieder zurückkehren. Der mit mehreren Preisen ausgezeichneten Autorin gelingt es auch in
ihrem ersten Roman »mit bemerkenswerter Eindring-
lichkeit ... den Leser in die beklemmenden Wahnwelten
ihrer Figuren hineinzuziehen, bis er wie sie reale Bilder
von Phantombildern kaum mehr zu unterscheiden
vermag.« *Frankfurter Allgemeine Zeitung*

»Susanne Röckel schreibt atmosphärisch. In *Eschenhain*
sitzt jedes Wort, jede Person hat ihren Platz und ist den
anderen mit fast geometrischer Strenge zugeordnet ... Ein
schöner Wurf.« *Süddeutsche Zeitung*

1 2 3 4 5   01 00 99

© 1999 Luchterhand Literaturverlag
GmbH, München
Satz: Greiner & Reichel, Köln
Druck und Bindung: Pustet, Regensburg
Alle Rechte vorbehalten. Printed in Germany
ISBN 3-630-87032-5